天の宇宙人☆地の宇宙人

宇宙《そら》の子 三姉妹&ネコ

藤井ミナコ

MINAKO FUJII

はじめに

「あれ？　私、なんかみんなとずれてる？」

そんなふうに感じたことはありませんか？
子どもの頃から何か疎外感を感じる、私もしかしてここの子どもじゃない？と思ったことはありませんか？
みんなからはみだしたくなくて、私は長い間〝普通〟を装っていました。

子どもの頃から、小人の影のようなちょっと不思議なものが見えたり、その場所に行くだけで頭が痛くなるような場所があったり、逆にすごく体が軽くなる神社があったり、人の前世がわかったり、高次元の存在から概念的なものが送られてきたり……。

でもこんな話をしても怪しい人間って思われる。

だから学生時代は、くじ運だけは妙にいい女の子、くらいにしか友達にも見せていませんでした(それでも「ちょいちょい変なことを言っていた」と高校のときの友達にはあとから突っ込まれましたが)。

友達は大勢いましたが、
「みんなの輪の中にいてもなにか寂しい」
「ここに私の仲間はいない」
そんなふうに感じることがよくありました。

社会に出ても、ひとところにとどまることができずに、転職十数回。

そんなあるとき、ふと頭に浮かんできたんです。

「**宇宙人だから仕方ないか**」

それからぼんやり、

「あの人、宇宙人だ」

「あの人は宇宙人だけど地球のエネルギーも強い？」と思うように……。

しかし私自身もただそう思い浮かぶだけで、なぜそんなふうに感じるのかわかっていませんでした。

それが、

「あ！　これ、魂の由来だ！」

と、2022年のある日、こんな概念が突然降り注いできたのです。

「**天の宇宙人**は、地球人の肉体を借りているだけの宇宙から地球への留学生」

「**地の宇宙人**は、なんらかの理由で地球に帰化した宇宙人」

はじめに

「**地球人**は、地球で魂が生まれた地元民」

自分の周りの人をこの概念に当てはめていくと、見事なくらいにいろいろな説明がつきます。

そして、私もこれまで地球という環境で生きづらかった自分自身の説明もついたことで、世界が明るくなり、肩の力を抜いて歩けるようになりました。

こんな荒唐無稽な話が信じられるか？という方は、まずは物語としてこの本を読んでみてください。

そして、読み終わったあと、この本をフィクションとしてとらえるか、人生の取り扱い説明書としてとるかは、あなたのお好みで。

はじめに 2
エピローグ 10

I 魂の由来 15

魂の由来診断 16

chapter 1 天の宇宙人 22

天の宇宙人の特徴 26
〈理由のない孤独感がある〉 26
〈感情の欠落、感覚のずれ〉 27
〈カードの磁気異常、電化製品の故障〉 29

〈好奇心が強く、飽きっぽい〉 …… 30
魂の性質 …… 35
「天の宇宙人」はこんな人 …… 40

chapter 2 地の宇宙人 …… 41

地の宇宙人の特徴 …… 53
〈深堀り研究タイプ〉 …… 53
〈データ分析タイプ〉 …… 54
〈戦略家タイプ〉 …… 55
〈サポートタイプ〉 …… 58
〈地球と相思相愛タイプ〉 …… 60
〈四角四面タイプ〉 …… 62
「地の宇宙人」はこんな人 …… 65

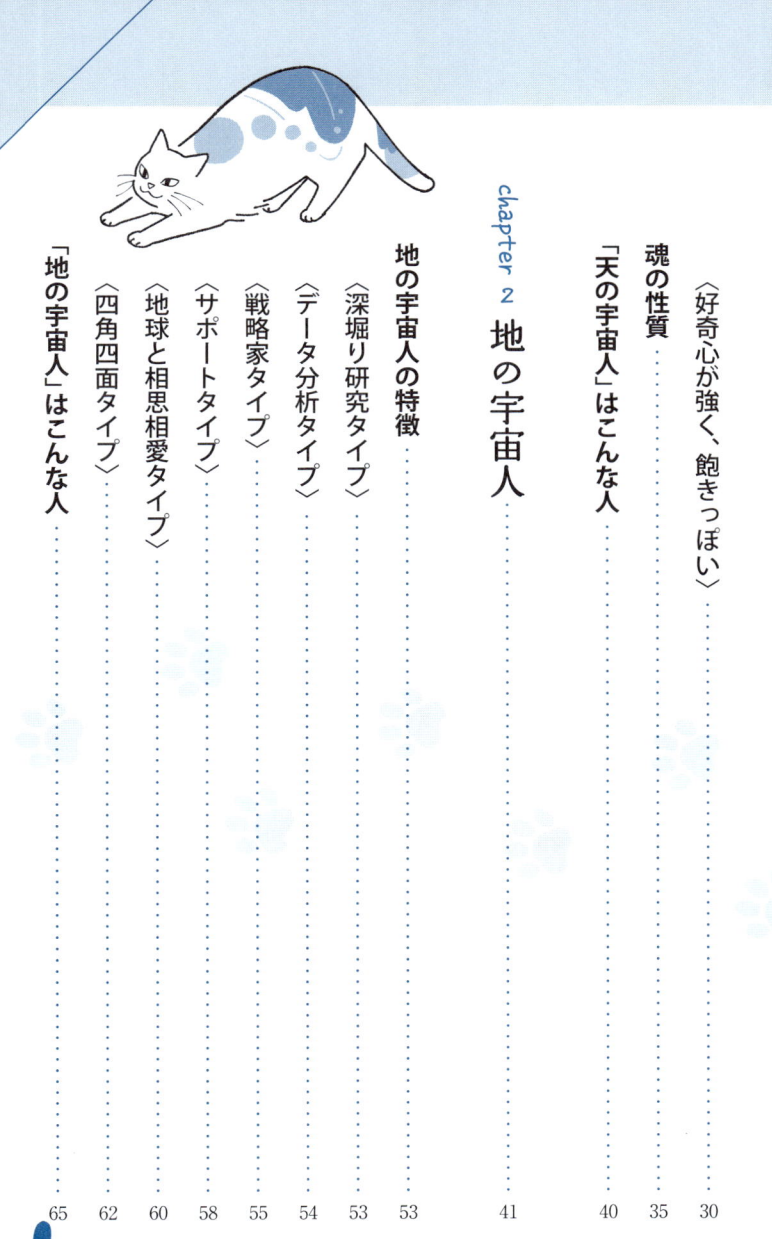

chapter 3 地球人 …… 66

地球人の特徴 …… 73

〈共感能力が高い〉 …… 73

〈感情表現が豊かで優しい〉 …… 78

〈統計学に当てはまりやすい〉 …… 79

「地球人」はこんな人 …… 84

Ⅱ クロストーク …… 85

ゲスト：小泉憲一さん／ＹＵＲＩ（結梨嘉望）さん

Ⅲ 魂の相性 …… 115

代表する有名人……116

異性の相性……119

Ⅳ 地球の上手な歩き方……127

エネルギー充電の方法……128

エネルギーを注ぐ……144

次元のこと……149

付録 Q&A……160

【宇宙人診断】……164

あとがき……171

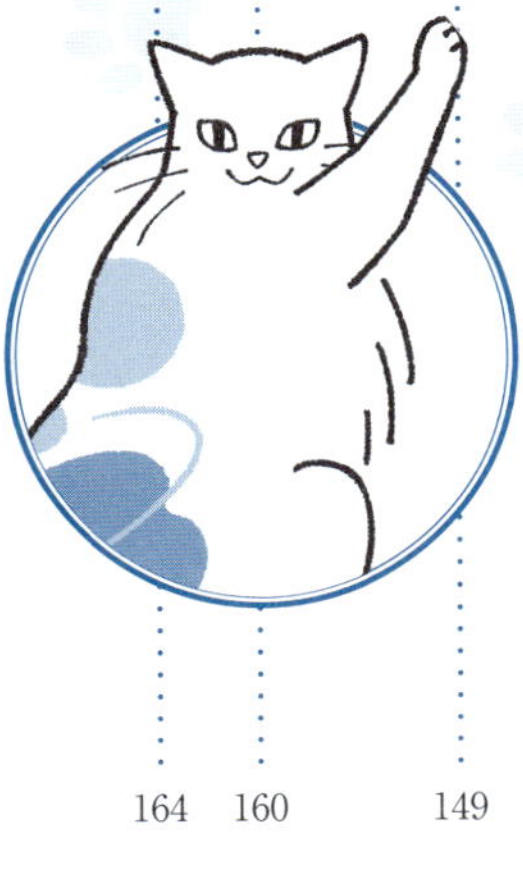

エピローグ

社会人7年目、5回目の転職というのは、この歳にしては多いほうだろう。

なんか、おもしろそうかも？　そんな軽い気持ちで選んだウェディングプランナーという仕事。

だけれど、2ヶ月目で七海《ななみ》はもう行き詰まり、というか限界を感じていた。

「無理無理無理無理無理、お客さんに寄り添った提案なんて無理だわ。自分でパーティーのプラン考えて提案するとか、おもしろそう！って思ってこの会社入ったんだけど、今日も1時間かかってもドラジェの中身を決められないお客さんに、〝別にそんなのどれでもいいじゃないですか〟って言っちゃって、先輩に怒られた。

その前は〝馴れ初めムービーとか、ぶっちゃけみんな興味ないですよ〟って言って、新婦さん泣かせちゃった。

前職でもあなたは〝私だったら〟が多すぎる、って言われた。クライアントさんの話をもっと聞けって言われても……」

「はあ、なんで私はこう協調性がないんだろう……」

七海は大きくため息をついた。

「それは、七海が宇宙人だからだよ」

「え、宇宙人？　私が？……ていうか今、誰が喋った？？？」

「ワタシよ、ほらベッドの上」

「ベッドの上って……るるこ!!」

「な、なんで猫が喋るの!?」

「だって猫は、宇宙の探査動物だからね。各星の人たちはね、ワタシたちを通して地球のデータを集めてるの」

「じゃあ、夜になると窓辺に座って夜空を見上げてるのは」

「うん、母星にデータを送信してるの」

「!! 私、この子の前でいつも着替えたり、涎《よだれ》を垂らして寝てたりするけど」

そう七海が心の中で呟くと、るるこが答えた。

「大丈夫、ワタシ結構、裁量権あるから、乙女が送ってほしくない映像とかは送らないようにしてるし」

「……その言葉、信じていいんだろうか」

七海は、るるこにとりあえず気になることを聞いてみた。

「じゃあ、るるこが監視システムだったとして、なんで喋るの？」

「〝この子はマイク搭載で、管理官が喋ってる〟って思ってくれたら。猫が喋るほうが、怖くないでしょ？　それとも、頭に直接、語りかけたほうがいい？　イマ……ワタシハ……アナタノアタマノナカニ……」

「それ、なんか気持ち悪いからやめて。……わかった、るるこはスピーカーってことね、スピーカー。で、管理人さん、なんであなたはそのスピーカーから私に向けて話しかけてるの？」

「それはね、そろそろこの情報を地球に解禁してもいいかなっていう〝時〟が来たからなの」

「時？」

「そう、〝時〟。地球が大きく変容する今がその〝時〟。地球に住む宇宙人たちが、自分の正体を思い出さなくてはいけない時が来たから、伝えにきたわ」

I
魂の由来

魂の由来診断

るるこ　まずはこの診断を受けてみて。

七海　なに、これ。『宇宙人診断』??

※『宇宙人診断』P164、174参照

るるこ　いいから、やってみて。

七海　わかったよ。

(スマホで診断すること数分後)

……私、〝天の宇宙人〟みたい。

るるこ　やっぱりね。

七海　やっぱりって、どういうこと？　私、地球に住んでる人間だけど。そもそも、この診断、なに？

るるこ　たとえば、ちょっと変わった人に出会ったとき、「あの人って宇宙人だね」と、冗談で言ってしまうことない？

七海　あるある。ユーチューバーでも、ぶっ飛んでる人を見たとき、「うわー、この人、地球人じゃないー！」って言っちゃうことあるよ。

るるこ　それって、あながち間違ってないんだよね。

七海　そうなの？

るるこ

地球に住む人間の魂は、3つに分類できるの。

- **地球人**
- **地の宇宙人**
- **天の宇宙人**

七海

へぇ。地球に住んでるけど、宇宙人の人間もいるんだ。

るるこ

そう。これは、〝**魂の由来**〟に基づいていてね。
まず、当たり前だけど、地球で生まれた魂を持つ人が「地球人」。

七海

そりゃ、そうよね。

るるこ
そしてね、ここでいう「宇宙人」は、よく映画とかマンガであるような、〝UFOから降りてきた宇宙人〟という意味ではないの。

七海
宇宙人っていうと、そういうイメージだけど。

るるこ
肉体は、地球でお母さんのお腹から生まれてきた〝地球人〟。だけど、魂が地球以外から来ている人が「宇宙人」。その中でも、エネルギーを宇宙から取っている人たちが「天の宇宙人」なの。
たまに、身体ごと宇宙からやってきて地球人の姿に擬態《ぎたい》している宇宙人も、六本木あたりでよく歩いてるけどね。

七海
魂が宇宙人っていうのは、どこかで聞いたことあるわ。「スターシード」とかいうやつでしょ？　でも「天の宇宙人」ってのは、初めて聞くワードかも。

るるこ
そうね。呼び方はなんでもいいんだけどね。「スターシード」と呼ばれていた人たちは、ここでは「天の宇宙人」と呼んでおくわね。
地球人の身体の中に、宇宙人の魂が身体に入ってることは、もう常識的な話だと思うけど……。

七海
いや、待って！　世間一般ではそこまで当たり前には受け入れられてないよ。

るるこ
そうだったっけ？　まあとにかく、ここからは七海も聞いたことない話をするね。
地球人の身体という器に入る宇宙人の魂にも、2分類あってね。

七海
うん。

るるこ
さっき説明した天の宇宙人と、地球で上手に生きようと思ってエネルギーの供給源を宇宙から地球に変えた「地の宇宙人」がいるの。

七海

そうなんだ。で、私はこの診断でいうと、「天の宇宙人」なのね。

るるこ

そうよ。じゃあこのあと、各魂の性質について説明したいんだけど、眠くなってきたから、
またね。

七海

え、ちょっと……こういうところが猫ね。

chapter 1

天の宇宙人

I 魂の由来

夜もすっかり更けた22時。猫のるるこ、いや管理人さんが、大きなあくびをして話し始めた。

るるこ

それじゃあ、まず最初に、魂の由来が地球以外の他の星で、宇宙とエネルギーをつなげている「天の宇宙人」について説明するわね。

七海

あ、私のことね。

るるこ

そうそう。広い宇宙の中には、地球だけでなく、いろんな生命体が住む星があることは知ってるわよね？

七海

知ってるっていうか、実際に会ったことないから確信はないけど、世界には他の星の生命体に「会った」っていう人とか、「メッセージを受け取った」って人があふれてるし、そんな映画もあるし。私、人間が想像できるものは、じつはすべて存在するんじゃないかと思ってるんだよね。

るるこ

いいところ突いてるね。

七海

それに管理人さんだって宇宙人でしょ？

るるこ

うーん、ワタシは宇宙人とかそういう存在でもないんだけど、まあ、その話は今は置いといて……。

星々の住人たちの中には、私たちがより見聞を広めるために外国旅行をしたり留学するように、他の星へ旅立つ人たちがいるの。彼ら・彼女らは、その星により溶け込んで生活できるように、魂の形でやってきて、その星の肉体という器に入っていくんだけど、そのような魂が入った人たちのことを「天の宇宙人」と呼ぶの。

七海

じゃあ、私も留学生ってこと？

るるこ　そうよ。慣れない身体、大変でしょ？

そう言いながら、いつのまにかできた七海の足の青あざを、るるこ、いや管理人さん（ややこしいなあ、もう）は尻尾で撫でる。

七海　うん、まあ、よく足をぶつけたり転んだり、鏡に映る姿を見て「これ、私？」って違和感を感じることがあるの。写真を見るともっとそうなのよね。

るるこ　自分の姿に違和感を感じる人もいるみたいね。足をぶつけたり転んだりは、運動神経もあるかもだけど。

七海　……ほかに、天の宇宙人の特徴はあるの？

るるこ　じゃあ次は、天の宇宙人の際立った特徴について話しましょうか。

天の宇宙人の特徴

〈理由のない孤独感がある〉

るるこ

天の宇宙人といえば、これにつきるわね。〝孤独感〟。

七海

孤独感……。確かに、昔から大勢の友達の中にいても、一人の感覚になることがあったわ。家族団欒《だんらん》でリビングでご飯を食べてるとき、「私、本当にここの家の子なのかな？」と思ったり。友達みんながわーって盛り上がってるときに、なんでそんなことがおもしろいんだろ？と冷めた自分がいたり。

るるこ

なんだかわからないけど、自分はよそ者って感じる感覚でしょ？

七海

そうそう。

るるこ

それこそが、天の宇宙人が感じる〝孤独感〟よ。遠い星からやってきて、自分は本来ここの住人じゃないっていう無意識の孤独感を感じる人が多いの。この孤独感は、地の宇宙人でも感じる人はいるけれど、天の宇宙人のほうがより深い感じがあるわね。

〈感情の欠落、感覚のずれ〉

るるこ

これはさっきの孤独感につながるところでもあるけど、みんなが笑っているところで「なにがそんなにおもしろいんだろう?」と思ったり、「なんでそんなことで怒るんだろ?」って、本当にわからなかったり。あとは〝悲しい〟のポイントが違ったり、周りとの感情や感覚のずれに悩む人も多いね。

七海

あぁ！　だから私、マリッジブルーになっているお客さまに寄り添えないのね！
あと、昔から、冗談で軽く言ったことを真に受けられて、困惑したりすることが多いのも……。

るるこ

感情、感性のずれからね。だいたい七海って、ワタシから見てもかなり冗談がブラックなのよね。ほら、いつだったたか、卒業文集に『世界征服20年計画』ってかなり綿密なの書いてたじゃない。

七海

え、あれは冗談じゃないよ。

〈カードの磁気異常、電化製品の故障〉

（ピンポーン）「書留でーす」

七海

はーい！

やっと来たわ、銀行カード。クレジットカードと合わせると今年3枚目。……ねえ、昔からカードの磁気異常がやたら起こるのも、もしかして……。

るるこ

ふふふ、わかってきたわね。魂の動きが活発化し始めると、カードが磁気異常を起こして使えなくなったり、電化製品が壊れやすくなるのも、天の宇宙人〝あるある〟ね。

七海

え！　じゃあ、買ってまだ2年の炊飯器が昨日壊れたのも、友達の家で突然照明が使えなくなったのも、車のエアコンが冷えなくなったのも、私のせい？？？

るるこ

うっうん、まあ、その可能性は高いわね。地の宇宙人もこの体質の人っているし、地球人も魂のステージが移行するときにこの現象が起こる人もいるけど、天の宇宙人の人に圧倒的に多いんだよね、この体質。

七海

5年保証、必須ね……。

〈好奇心が強く、飽きっぽい〉

七海

ほかには、どんな性質があるの？　天の宇宙人って。

るるこ

そうだね……たとえば、そこのクローゼットの中。

七海

クローゼット？

るるこ　油絵の具セット、ペン習字講座にアロマセラピー講座、オラクルカード20セットに、一瞬、宅建（国家資格の「宅地建物取引士」）取ろうとしてたよね？　あと、ヨガマットに、今度は一眼レフ買うんだっけ？

七海　ストップ！　私が3ヶ月で飽きちゃう趣味の残骸を並べるのはやめて。

るるこ　好奇心旺盛でいろんなことに手を出すんだけど、すぐ飽きちゃうのも天の宇宙人の特性だよね。

七海　こっ、これも特性なの⁉　小さい頃から、習い事が続かなくて、よくお母さんに我慢ができないって怒られてたんだよね。大人になって何かおもしろそうなことを見つけても、70パーセントくらい習得してゴールが見えてくると、とたんに興味がなくなって次にいっちゃう。極められないから、達成感を味わったことがないのが、密かにコンプレックスだったんだけど、そういうことだったんだ。

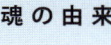

るるこ　そうそう。

七海　でも、宇宙人って言われて「私って特別な存在なんだ！」って一瞬、嬉しかったんだけど、なんか生きづらいというか、残念な存在なんだね、天の宇宙人って。

るるこ　そんなことないよ！　確かに自分の星じゃないからね、勝手がわからないというか生きづらさはあると思う。でも飽きっぽいっていうのは、天の宇宙人の長所でもあるのよ。

七海　え？　そうなの？

るるこ　自分の苦手な分野でなければ、人より少ない時間で要点を理解し、全体が掴《つか》めちゃうから「この辺が上限ね」ってすぐ見えてきて次に行きたくなるの。ようするに、人より早く理解しちゃうから飽きるのも早いってこと。それって頭の回転が早い証拠じゃない？
それに、飽きっぽいということは、執着がないということ。
重く執着せずに、軽やかに次に行ける天の宇宙人は、じつはこれからの時代で活躍できる人なのよ。

七海

そうなんだ！

るるこ

あと、「天才的」って言われる人たちは、天の宇宙人が多いし。

七海

！！！

るるこ

直感やインスピレーションが強いから、くじ運が良かったり、0《ゼロ》から何かを生み出せるのも天の宇宙人。だからね、天の宇宙人はこんな職業に向いてるよ。（P40参照）

七海

でも、私、確かにくじ運はいいけど、直感力とかないよ。インスピレーションなんて湧かないし、何かオリジナルなものを生み出すとかイメージできない。

るるこ

それはね、身体も魂もベストなコンディションじゃないと、天の宇宙人の本来の〝天の宇宙人らしさ〟が発揮しにくいのはあるかな？

いろんな星の出身の人がいるから、ひとくくりにしにくいけど、世間一般に合わせようとしたり、人からいい人と思われようとしていると、〝らしさ〟を発揮するのは難しいよね。

それにね、エネルギーを十分に充電して、いろんなことを握りしめないで軽く動く必要があるよ。

七海

なんか、わかるような、わからないような。

るるこ

「十分なパフォーマンスで地球を歩いていく方法」については、もうちょっとあとで詳しく説明するね（Ⅳ「地球の上手な歩き方」参照）。

七海　りょうかーい！

魂の性質

るるこ　ここまでは天の宇宙人の共通特徴。で、ここからは魂の性質についてね。

七海　性質？

るるこ　地球にわざわざ来ている宇宙人の魂は、出身星の影響は受けるんだけど、それこそほら、星なんて星の数ほどあるでしょ？　だからあんまり型にはめられないところはあるの。だけどこういう性質を持ってきてる人が多いっていう例をあげておくわ。

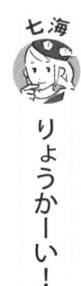

これはその人が元々持っている性質で、自分にその性質があるって気づいてない人も多いわ。

それから、これはざっくり大分類の性質で、細かく見ていくと一つひとつの中にさらに中分類小分類もあったりするの。たとえば、観察系で応援者の人もいれば、整理する人がいたりもする。

それで、魂レベルによっても、できること、できる範囲が変わったりするんだけど、これはちょっと個別案件。

わかる人に見てもらうか、自分で気づいていくしかないわね。

◆もたらす系

地球にないもの、地球に今必要と思われる、技術、思想、概念、アートなどを地球にもたらすの。

それは、母星から持ち込んだものだったり、自分のつながる次元からのものだったりするわ。

◆観察系

とにかく自分の気になる人や対象物を観察して、それを宇宙に報告する人。この報告は意識的にやっている人もいるけど、ほとんどの人は無意識でやっているみたい。報告を受けた宇宙はその対象物に対して適切な働きかけをするわ。

◆指導系

自分の母星の観念で、人を導いていくので、それが地球人にとって都合の良いことも悪いこともあるの。あと、時代が早すぎるなんてこともあるわね。

◆かき混ぜる系

人を混乱させたりショックを引き起こしたりすることで、地球のエネルギーをかき混ぜて、新陳代謝を促す性質の人もいるわ。結果的にいいことをやってるんだけど、どうも人から敬遠《けいえん》されがちなのよね。

◆観光系

本当にふらっと観光に来ている魂の人や、前世で受けた傷の治療中だから、ゆっくりしたほうがいい人がこれにあたるわ。この分類の人は地球の楽しいことをたくさん経験するのが今回のお役目ね。

七海

私は……観察系かな？　人の話を聞いてるだけで、その人が自分で答えを見つけて解決していくことがよくあるんだよね。
私は何かアドバイスしたとか、相手に親身になって寄り添ったわけでもないのに。私はただ、おもしろいなぁと思ってその人に注目しているだけ。

るるこ

それは完全に「観察系応援者レベル２」ね。

七海

レベル２？

るるこ

魂レベルは、その人のエネルギー量、周波数、魂がつながる次元で決まってくるわ。

七海

……なんかやっぱり難しいね。

るるこ

本来の自分らしくゴキゲンでいればいいのよ。

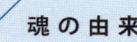

「天の宇宙人」はこんな人

見た目の特徴	あまり流行にとらわれない／全くファッションに興味がない or 個性的なファッションや派手な色使いを好む／人とかぶることを嫌う人も多い
好きなことや傾向	星空が好き／趣味も人間関係も浅く広く／熱しやすくて冷めやすい／猫派が多い／執着が少ない／いじめや仲間はずれにあった経験がある人が多い／外食に行くとつい食べたことがないものを頼み失敗する／前言撤回をよくする
苦手なこと	同じことを繰り返すこと／言われたことを言われたとおりにやること／察すること／やり遂げること
口癖	「なんとなく」「それ、おもしろそう」「それ、何がおもしろいの?」「もう飽きた」「なんでわからないんだろう」
適職	企画職／コピーライター／コミュニティリーダー／アーティスト／発明家／起業家／投資家／デザイナー／作家／漫画家／俳優

chapter 2

地の宇宙人

ピピピピピ

朝6時40分、スマホのアラームが鳴る。

七海

今日は担当したお客さまの結婚式なんだよね。「やっぱりあの赤いドレスのほうがよかったんじゃないですか?」なんて、今日こそうっかり失言しないように気をつけなきゃ。

大きく深呼吸をしてリビングに向かうと、ソファーには屍《しかばね》のように寝ている、妹の次女・野《の》土《ど》花《か》の姿が。

七海

あーーー、野土花! またソファーで寝てる。ちゃんとベッドまで行きなさいっていつも言ってるでしょ!

野土花

七海姉ちゃん、声大きい。昨日帰ってきたの朝の3時で、ここで力尽きたの。もう少し寝かせて。

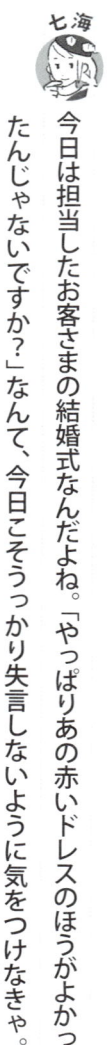

七海

それ、昨日も言ってたよね。大学の研究室ってそんなにブラックなの？

野土花

いや、昨日は早く帰るつもりだったのよ。でも、帰る前にシャーレーで培養していた菌を顕微鏡で見たら、ありえない動きをしてたのよ！　頭の中で鐘が鳴ったわ！

野土花は大学の医学部で病理学を専攻して、医学部だからお医者になるんじゃないの？と思っていたけれど、「細菌と離れたくない！」と言って大学に残り、今は研究室の助手をやっているらしい。

昔から、興味を持ったことはとことん深掘らないと気がすまないタチの子だったが、とうとう研究者になってしまった。

このあいだは、「聞いて！　今日、がん細胞をすっごくきれいにスライスできたの！」とか言っていた。七海にはよくわからない世界だ。

七海　ねえ、るるこ。この子も昔から変わった子だなあって思ってたんだけど、もしかして宇宙人？

るるこ　そうね、この子は「地の宇宙人」よ。

七海　地の宇宙人!?　あ、帰化した外国人みたいな宇宙人ね。

るるこ　そうそう、地の……。

野土花　ちょっと待って！　今、誰が喋ってた？

るるこ　ワ・タ・シ！

野土花　あれ？　私、まだ夢の中だったのかしら？

るるこ　野土花、おはよー。夢じゃないよ。

バタンッ（再び、布団に倒れこむ野土花）

るるこ　あれ、また夢の中へ旅立っちゃった。

七海　野土花 は脳内で理解できないことに出会うと寝ちゃうのよね。子どもの頃、妖精に出会ったときもそう。
あ、もうこんな時間！　私は会社に行ってくるから、野土花が起きたら説明しといてよね。

るるこ　はーい。

―― 数時間後 ――

野土花　じゃあ、闇と光と、陰陽は別物なんだね。

るるこ　そう、陰陽は太陽系の……。

七海　ただいま～。

野土花　おかえり。

るるこ　おかえり。

野土花　るるこの話、おもしろすぎる！

七海

すっかり管理人さんと仲良くなったようね。ねえ、私、地の宇宙人の話、詳しく聞いてないの、聞かせてよ。

野土花

じゃあ、私がるるこから聞いた話を説明するね。
まず地の宇宙人は、その国で腰を据《す》えて生きるために国籍を変えた外国人みたいに、地球でうまく生きていくために、エネルギーの供給源を宇宙から地球に切り替えた、魂の由来が地球以外の星にある人ってところまで大丈夫？

七海

た、たぶん、大丈夫。

野土花

地球でうまく生きていこうって気持ちがより強い地の宇宙人は、研究熱心で、物事を分析したり、深堀って極めていくことが好きな人が多いんだって。

七海

それ、まんま、野土花じゃない。

野土花

だよね！

私も最初、るるこの話を聞いて、そんな非科学的な話ある？って思ったんだけど。でも聞けば聞くほど、今まで生きてきて感じた違和感の説明がついたんだよね。ＳＮＳを見るより、顕微鏡をのぞきながら菌と会話してるほうが楽しいって、別におかしなことじゃないんだって、ちょっと心が軽くなったわ。

七海

（菌と会話するのはやっぱりおかしいと思うけど）わかる。他人のＳＮＳ投稿とか、ホント興味ないし。

るるこ

天の宇宙人も地の宇宙人も宇宙人だから、周りとの違和感とか、孤独感とか、共通するところも多いわ。

でも大きく違うところは、〝筋トレ好き〟ってところかしら。

七海

筋トレ……それは私、無理だわ。

野土花

いやいや、私だって筋トレはやらないよ。

るるこ

筋トレって言っても、〝魂〟の筋トレね。

地球ってさあ、願ったことを叶えようとしたら代償が必要なことが多かったりして、宇宙の星の中では、けっこう不便な星の部類なの。

この地球にちょっと調査に来たり観光に来る、技術提供しに来るにしても、周波数を上げるために来ているにしても、わざわざ宇宙のエネルギーを薄くしてまで地球とつながる必要はないと思うでしょ？

七海

それは、そうよね。

るるこ

なのに、この不便な地球と契約するのはなぜか？　それは地の宇宙人と呼ばれる人たちが「魂の筋トレ好き」だからなの。

魂に負荷をかけることで、魂をより成長させようっていうのが好きな人たちだから、同じ山の頂上に行くなら、10分で行けるロープウェイではなく、4時間の登山を選ぶというような選択を喜んでするのよね。

それは人生においても同じで、無意識に困難を自分から呼び込んでしまうようなところがあったりするの。

七海

（……うわぁ、無理……）

野土花

わかるわぁ、それ。簡単にできることって張り合いがないもんね。

七海

え、野土花、わかるの？　私はできるだけ楽して最短距離がいいなあ。魂の成長にはそんなに負荷って必要なの？

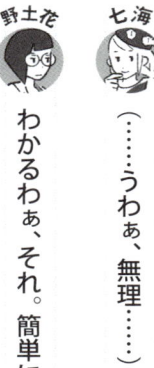

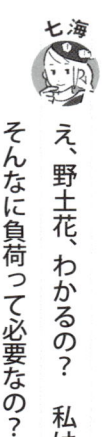

等価交換が基本の地球では、ある程度のところまでは必要ね。でも、地の宇宙人の人たちみたいに、ムキムキにする必要まではないんだけどね。

だけど、本人たちがムキムキが好きで目指しちゃうから。

魂のボディービルダーさんみたいね。

ま、そんな感じかな。

だから型にはまってるというか、わかりやすく地の宇宙人はこんな感じでタイプが分かれてるの。

- 深堀り研究タイプ
- データ分析タイプ
- 戦略家タイプ

- サポートタイプ
- 地球と相思相愛タイプ
- 四角四面タイプ

七海

へぇ。なんかこれって、性格っぽいね。天の宇宙人は性質の違いはあるけど、こんなタイプ別では分かれてないよね？

るるこ

天の宇宙人は、魂の性質別に区分があるけど、あんまり自分自身には自覚がないことが多いのよね。

だけど、わざわざ地球に筋トレに来るような人たちには、わかりやすく性格と形で表面にでてくるという感じかな？

七海

なるほど。

るるこ
じゃあ、一つずつタイプを説明していくね。

地の宇宙人の特徴

〈深堀り研究タイプ〉

るるこ
まず、野土花はこのタイプだよね。地球のことをもっと知りたいからと、いろいろ調べてて、〝これ！〟っていう気になるものを見つけたら、脇目もふらずどこまでも深く掘っていったり、とことん研究し始めてしまって、その道のプロフェッショナルになっていくタイプね。

野土花
よく、ゾーンに入ると寝食忘れて没頭しちゃうからなあ。でもあの感じが気持ちいいんだよね。

七海

私はどんなものでも、ある程度のメドが見えたら熱が冷めちゃうから、そういうのちょっと羨ましいな。すぐ飽きちゃうから、専門って呼べるものなにもないし……。

野土花

私はよそを向きたくても向けないから、広くいろんなことに興味を持てる七海姉ちゃんが羨ましいけどね。

〈データ分析タイプ〉

るるこ

次は「データ分析タイプ」ね。このタイプの人はデータを集めたり見たりすることで、地球を理解する人たち。

だからとにかく数字が大好きだし、統計学的なものに惹かれる人が多いわ。四柱推命とか占星術もこの類だし、心理学もそうね。

マーケティングが得意な人もこのタイプの地の宇宙人になるの。

野土花

数字は裏切らないもんね！　このタイプも私の中にあるかも。というか研究者は深堀りと分析、両方好きじゃないとやっていけないし。

るるこ

地の宇宙人のタイプは、このタイプとこのタイプ、というように掛け合わせて持ってるのが普通よ。

次のタイプも、このデータ分析タイプの人が重複しやすいタイプね。

〈戦略家タイプ〉

るるこ

データ分析したものをもとに、どう筋道を立てたら自分が思う方向に向かえるか、地図が書けるタイプね。

天の宇宙人とも地球人とも上手にコミュニケーションをとる能力もあるから、人を動かすのもうまくて、このタイプが今の地球では一番、社会的に成功しやすいわね。

七海

かっこいい！　計算して思う通りにできるなんて、最高じゃない？　私なんて計算してもいつも想定外しか起こらないし。

野土花

……七海姉ちゃん、そもそも計算できないじゃない。「とりあえず」とか「なんか」とか「理由はないんだけど」が口癖だし。

七海

私は過去のデータより、直感勝負なの！

るるこ

あら、地の宇宙人も直感は使うわよ。ただ、安全に上手に地球で生きたいと思っている人が多いから、直感が降りてきても、それが間違ってないか、一度、根拠を探しにいくわね。

それで、データが見つかってなんとかなりそうって確信ができたら、その直感を現実にするための道筋を考えていくの。

野土花

そうだね。いい仮説がいきなり頭にひらめいたときは、そのひらめきは正しいのか検証するものね。
データを積み重ねて自分の頭の中の正しさを証明していくよね。

七海

なにそれ、めんどくさい！
頭にひらめいたときは、とりあえずそれをやってみて、何の障害もなくスルスルって進めばそれは正解だし、違ってたらなにか障害が現れるから、あれ、この方向じゃなかったのかって引き返せばいいだけじゃないの。

野土花

そんな危なっかしいことできないよ！　失敗してからじゃ遅いんだよ。まずは検証と根回しが……。

七海

そんなの、おもしろい？

野土花

おもしろいとか、おもしろくないとかじゃなくてね……。

るるこ

まあまあ、これはどっちが正しいとかはなくて、属性の違いだから。適材適所があるということよ。

＜サポートタイプ＞

るるこ

それからお世話が好きなサポートタイプね。他の人やプロジェクトのサポート、ナビゲートが得意。でも、誰でも何でも、というわけでもないの。

困っている人がいるから助けたいっていうより、その人やそのことに興味を持ったらサポートしたくなるって感じね。

特に天才肌の人を発見すると、その人の役に立ちたい、そばに行きたい、もしくはそばで観察したい、という気持ちが出てきやすいみたい。

野土花 これは私にはまったくない資質ね。だって人に興味ないから。

るるこ うーん、野土花はそうかもね。

野土花 だって、人の世話をしても何にも得にならないじゃない。そんなことするなら自分のことに時間をかけたほうがいいわ。

るるこ さすが、合理的で効率重視の、地の宇宙人らしい意見ね。でも、このサポートタイプの人もある意味、合理的な人たちなのよ。

七海 どういうこと?

るるこ 地の宇宙人はね、天の宇宙人のサポートをすると、宇宙のエネルギーを分けてもらえるの。

同じように地球人や地球そのもののサポートをすると、今度は地球からエネルギーがやってくるわ。
それは、サポート対象のエネルギーが大きいほど分けてもらえるエネルギーも大きいから、無意識でもそういう人のサポートをしたくなるのもわかるよね。

野土花

わかった！　じゃあこれから一層、丁寧に菌のお世話をするわ！

七海

（……菌ってエネルギーも小さいんじゃ？）

〈地球と相思相愛タイプ〉

るるこ

このタイプの人は、地球が好きすぎて地の宇宙人になった人たちね。
自然が大好きで、地球が生み出した地球人にも好感を持っていて、地球に貢献しようとしているわ。

だから、このタイプの人は、地球の「土地神様」からも好かれるわね。身体のアンテナ感度の高い人は、神様と疎通が図れる人もいるわ。眷属《けんぞく》にならないかってスカウトが来る場合も。

七海

なんかすごいね。じゃあ天の宇宙人は、土地神様には好かれないの？

るるこ

土地神様たちは、地球と契約している地の宇宙人のことを、地球人同様、自分の子どもみたいに思ってるの。でも、天の宇宙人は身体は地球産でも、魂が完全宇宙エネルギーだから、あんまり加護って感じじゃないのよね。それどころか、神様とつながろうとすると、いい依代《よりしろ》って思われちゃって、取り憑《つ》かれていいように使われてしまうようなことも……。

七海

え!?

るるこ

だからあまり肩入れせず、神社とかに行っても、土地のエネルギーを感じるくらいにしておいたほうがいいわね。七海みたいな天の宇宙人は、土地神様じゃなくて宇宙とつながるのが正解！

〈四角四面タイプ〉

るるこ

このタイプは、「地球で上手に生きなきゃいけない！」という思いが強くて、正義感が強く出すぎたり、社会常識や礼儀を重視しすぎたり、自ら枠組みやルールを作って、それに沿った行動から抜けられなくなってしまう人たちね。

野土花

同じ地の宇宙人でもこのタイプは苦手だわ。でもいるな、うちの学校の先生にも。いつの時代に作ったのかもわからないような非効率な手順を、「みんなこうやってきたんだから」って強要してくるんだよね。

七海

そうそう、いるね。自分だけがそれを守るっていうならまだいいんだけど、こっちに押し付けてくるのはやめてほしいよね。
私が遅刻するたびに「社会人というのはね」ってお説教をしてくる上司、あの人絶対、地の宇宙人だわ。

野土花

……自分の怠惰まで属性のせいにするのはどうなの。

るるこ

一応、地球人の身体を持って地球に生きている限り、最低限、合わせなきゃいけないところがあるわよ。
でもね、たとえば、時間にとらわれるのがどうしても嫌というなら、あまりそこに気をつける必要がない仕事に変えるとかはできるわね。
今の自分の環境に不満があるなら、自分が受け入れられる環境に移動すればいいのよ。

七海

そんな簡単に言うけど、移動してきた結果が、この転職回数なんだけど。どこに行っ

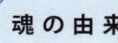

ても私を受け入れてくれるところなんてないわ。

野土花

私は今の環境に満足してる。欲を言えば、もっと世界を驚かせるような研究をしてみたいけどね。

るるこ

ふたりとも、自分の属性に合ったエネルギーの使い方ができると、そんな悩みは解決できるんだけどね。

それから、地の宇宙人も天の宇宙人も、属性に合った職業に就いたほうが、より能力は発揮しやすいわね。

「地の宇宙人」はこんな人

見た目の特徴	シンプル／ベーシック／機能的な服を好みがち or 民族的な模様の服／カチッとして見える or おおらかな印象
好きなことや傾向	一度好きになったものはずっと好き／犬派が多い／流行に興味がない／ストーリーがあるものが好き／ 難解なものに惹かれる／マニアック
苦手なこと	無責任な言動／誰にでもできること／思いつきだけで動くこと／価値を見出せないことをすること
口癖	「簡単なほうに逃げちゃダメだよね」「あきらめたらそこで試合終了」「それデータで出てるから」「地に足をつけよう」「手伝いましょうか?」
適職	マーケッター／士業／教師・インストラクター／トレーナー／医師／看護師／整体師／学者／教授／イラストレーター／コメディアン／美容師／エステシャン／エンジニア／ライター／プランナー／職人／神職／占い師／農家／料理人

chapter 3

地球人

野土花

もう0時だよ！　そんなに喋ってた？　七海姉ちゃん明日も仕事でしょ？　そろそろ寝ようか。

ピンポーン、ピンポーン、ピンポーン

七海

チャイム3回……うわー、今から来るの？

ガチャッ

愛莉

ななみん、のどちゃん聞いてー！

野土花

どうしたの？　愛莉《あいり》。また彼氏とケンカ？

彼女は、三女の愛莉、23歳。

ここから2駅のところに大学時代からの彼氏と一緒に住んで3年。月に一度、彼氏と大喧嘩をしてはふたりの住むマンションにかけこんでくる。
ちなみに大泣きしながら「もう別れた」を朝まで聞かされたこと6回。その2〜3週間後には「また付き合うことにしたの」というパターンに、七海も野土花も遠い目をしている。

七海 今度は何？

愛莉 明日、カレと付き合って4周年記念なの。毎年、その日はおしゃれなレストランを予約して、昔の写真を見ながら「こんなことあったよね」って思い出を語り合うの。

野土花 うわ、めんどくさい！　七海姉ちゃん、写真とか見返す？

七海 ほぼやらないね。どこか遊びに行っても風景しか撮らないし。だいたい、昔こうだったよね、という記憶、あんまり覚えてないし。

愛莉

うちのカレも全然覚えてなくて。私がいろいろ言っても、「よく覚えてるね」ってびっくりするのよね。たった2年前のことを忘れるなんて信じられない！
……って、今日はその話じゃなくて。そんな大事な記念日なのに、カレ、明日取引先との飲み会だからリスケして、とか言うのよ！　信じられなくない？
だから「私と仕事、どっちが大事なの！」って怒ったら、「そんなセリフ言う人、ほんとにいるんだ！」って大爆笑されて。もう頭に来たから、部屋、飛び出してきちゃった。

野土花

ギャハハハッ！（爆笑）

七海

……え……、そんなセリフ言う人、ほんとにいるんだ。

野土花

ごめんだけど、爆笑した。彼の気持ちのほうがまだわかるかも。
昔から思ってたけど、私たちからしたら、愛莉のほうが宇宙人だわ。ねえ、るるこ、愛莉っ

て……。

るるこ

愛莉は地球人だよ。愛莉のほうが多数派ね。まあ、私と仕事って聞く人が、多数派かどうかは微妙だけど……。

愛莉

失礼ね！って今、この猫喋った、ねえ、喋ったでしょう！　何これ？　信じられない！　気持ち悪い！　え、おばけ？　ねえ、なんでふたりとも普通な感じなの？　ちょっと、これ警察呼ぼうよ！　違うか、お祓い？　陰陽師さん呼ぶ？

七海

落ち着いて。管理人さんはおばけでも幽霊でもロボットでもないから。

―　小1時間説明　―

愛莉

で、私は地球人ってわけね。なんでお姉ちゃんたちだけ宇宙人で、私だけ地球人なの？

ずるい〜！　私も宇宙人がいい！

七海　そんなこと言われてもねぇ。

野土花　出た！　愛莉の「ずるい〜」！　昔からそう言って、七海姉ちゃんの誕生日なのに自分もプレゼント買ってもらって、私のときも一緒にプレゼントもらって、自分のときも当然もらって、一番いろいろしてもらってるのって愛莉なんだよね。

愛莉　だってお姉ちゃんたちにプレゼントあげてもあんまり喜んでる感じがなくて、張り合いがないって、パパもおじいちゃんも言ってたし。
それだったら、いつもすごく喜んでプレゼントをもらう私がたくさん受け取ったほうがいいよね？

七海　なに、その理論。で、どうして愛莉も宇宙人になりたいの？

愛莉
だって、宇宙人って特別って感じがするじゃん。地球人なんて「お前は普通だ」って言われてるみたいで嫌だわ。

るるこ
でも、その「普通」であることが、愛莉にとって本当に大事なことかもしれないよ。

愛莉
どういうこと?

るるこ
地球人の特徴については、もう過去にたくさんの地球人や地の宇宙人が、「心理学」とかいろんな形で本を書いてくれているから、今さら詳しく説明する必要はないと思うんだけど。

愛莉
それ、ずるい～!　ちゃんと説明してよ。

るるこ

はい、はい。天の宇宙人、地の宇宙人と特に大きく違うところだけ説明するわね。

地球人の特徴

〈共感能力が高い〉

るるこ

地球で産声をあげ、地球で何度も転生を繰り返した魂を持つ地球人は、言うならば「地元民」なの。
今、日本にもいろいろな外国の人がいるけれど、それでも圧倒的に人数が多いのは日本人だよね。同じように、やっぱり地球には地球人の魂を持つ人が一番多く、その割合は7、8割といったところかな。

愛莉

7、8割って多いわね。

るるこ　多いのは悪いこと？

愛莉　だって普通じゃん。

るるこ　じゃあ、ＳＮＳの投稿、〝20いいね〟と〝２０００いいね〟、どっちがいい？

愛莉　そりゃあ、〝２０００いいね〟でしょ？　普通。

るるこ　じゃあ、どうやったら〝２０００いいね〟されると思う？

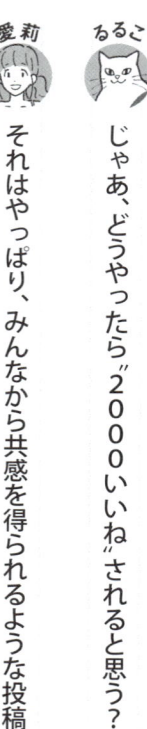

愛莉　それはやっぱり、みんなから共感を得られるような投稿かな？

るるこ　そうよね。そのみんなからの共感を得られるような投稿をするには、多くの人が普通に感じていることを同じように感じられなければできないでしょ？

愛莉

確かに！

るるこ

だから愛莉ちゃんみたいな人は、マイノリティな宇宙人より、大多数の地球人のほうがよくない？

愛莉

そうかも！

七海

私は「人は人、自分は自分」だから、多くの人の「いいね」はいらないかな。

野土花

私も承認欲求はないからいらないわ。
でも世紀の発見とかをして、「すごい！」とは多くの人に言われたいかも。

るるこ　承認や共感は地球人のエネルギーになるけど、天の宇宙人や地の宇宙人には関係ないわね。「すごい！」の賞賛は人の役に立ったり影響力を与えたときのものだから、どの属性でもエネルギーになるわ。

愛莉　でも賞賛は、人より明らかにすごい結果を出さなきゃもらえないから、ちょっと大変。私は共感してもらえたらそれでいいわ。

るるこ　あとね、地球人は周りに同調したり空気を読んだり、人の気持ちを汲《く》み取って、寄り添える能力が高い人が多いの。

愛莉　寄り添い力には自信があるわ。友達が彼氏と別れたときとか、一緒に泣けるもの。

るるこ　人の痛みを自分のことのように感じられるのも地球人の特徴よ。

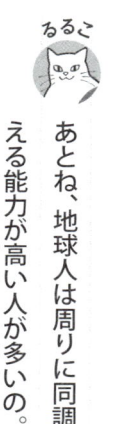

愛莉：親身になって人の話を聞けるし。

るるこ：傾聴力も高いわよね。

愛莉：お姉ちゃんたちは、こっちが一生懸命話しても全然聞いてくれない。

野土花：だいたい他人の恋愛なんて全然興味ないし。

愛莉：なにそれ、私たち姉妹じゃない！

七海：姉妹に恋愛相談なんてもっとおかしくない？　私は大体、悩み相談でも友達にすらしないよ。

愛莉：ふたりともホント冷たい！　ちょっと喜怒哀楽がバグってるとこ、あるよね。

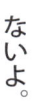

〈感情表現が豊かで優しい〉

七海

喜怒哀楽といえば、野土花は、赤ちゃんのとき、全然笑わなかったのよね。

野土花

え？　ホント!?

七海

産院の保育器で、両隣の赤ちゃんが泣いてるときもすんってしてたし、赤ちゃんの頃の写真なんて、ほとんど真顔よ。1歳過ぎてから、笑う必要性がわかって笑い始めたんじゃないかって感じだったもの。

野土花

それ、七海姉ちゃんもじゃないの？　だって、ウチのお母さん、笑う赤ちゃんの愛莉を見て、「やっと赤ちゃんらしい子が……」って、泣いてたの覚えてるもん。

愛莉　（それはお母さんかわいそう……）

るるこ　感情表現が豊かで愛情深く、世話焼きで、人の痛みや問題を他人事にできない優しさを持っている。それが地球人なの。

愛莉　うん、私、地球人でいいわ。

〈統計学に当てはまりやすい〉

るるこ　地球で生きるには、地球人が一番生きやすいのよ。それに、人数が多いということは、標準・基準になれるということ。統計学的なもの（占星術・四柱推命・心理学・マーケティングなど）は、地球人がベースになっているから、当てはまりやすいわ。

七海　私が占星術とかあまりピンとこないのは、そういうこと？

愛莉

あれは、地球人のためのものなのね。

るるこ

占星術もいろいろな種類があるから、全部があたらないということはないけど、一般に広く使われているのは当たりにくいかもね。

でも、肉体が地球に生まれ落ちたときの星の配置のエネルギーは多少影響を受けるから、いろんな宇宙人に、どういうところは当たってて、どういうところは当たらないのかって、それこそ統計を取っていったらおもしろいかもね。

七海

うーん、そういうのはちょっとめんどうだなあ。

野土花

はいはいはーい！　そういうのは、私、好き！　根拠のない占いはあまり興味ないけど、統計学に基づいた、占星術とか四柱推命とか易とか、興味深いよね。そっか、それをデータ化ね……。

愛莉
のどちゃん、ホント、データとか数字大好きだよね。

るるこ
今のところ、ほとんどのデータは標準的な地球人に合わせているから、地球上のサービスや商品、ヒットしたと言われるもののほとんどは地球人向けなのよね。だから地球人には選択肢がたくさんあるの。

七海
……もしかして、学校とか会社の仕組みも地球人向けに作られてる？

るるこ
そうね。学校や企業というのは、共感性、協調性にも優れている地球人向けね。集団で規律を守りながら何かをするという構造だし。
和を乱さず、統制のとれた集団でいられるっていうのは、地球人の性質だけじゃなくて土地のエネルギーもかかわってくるんだけど、特に日本はそういう側面が強いわ。
だから、協調性が乏しい天の宇宙人には厳しい環境よね。

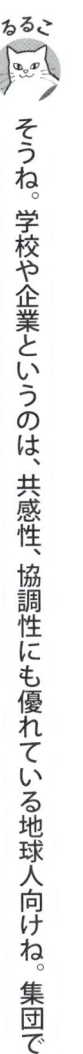

地球人は、安定しているならあまり変化や異分子を好まない人が多いから、みんなのペースを乱したり違う動きをする天の宇宙人は、受け入れてもらうのになかなか苦労するの。

七海
わかる、わかりすぎる。じゃあ、不登校になっちゃう子とかも……。

るるこ
天の宇宙人が圧倒的に多いわね。さっき地球人が7、8割って言ったけど、じつは2000年以降は、宇宙由来の魂を持つ子の割合が4割くらいになってきてるから、従来の学校という枠組みに合わない子たちが増えてるのよね。

愛莉
じゃあ、私たち世代は、地球人6割ってこと？　そんなに大多数って言えないじゃん！

るるこ
そうなの。それなのに学校は地球人向けの構造のままだから、歪みがいろいろ出てきているわよね。

社会はちょっとずつ、会社に所属することだけが働き方じゃないってなってきてるけど、学校も大きく変わっていかなきゃいけないところにきてるわ。
ちょっと動きが遅いのが気になるけど。

七海

天の宇宙人も地の宇宙人も地球人も、みんながそれぞれ特性を活かして生きられるような学校や社会になっていくといいよね。

るるこ

そうね。あ、地球人向けのお仕事もお伝えしなきゃ。やっぱり感情を扱うようなお仕事、コミュニケーションが重要なお仕事が地球人には向いてるわね。
あとは、言われたことを正確に読み取って形にするようなものもいいわよ。

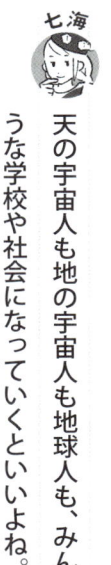

「地球人」は こんな人

見た目の特徴	流行に沿った服装／好感を持たれる服装／笑顔がいいと言われる／生命力がある
好きなことや傾向	共感されること／注目されること／同情されること／うらやましがられること／評価されること／愛されること／助け合うこと／感情をゆさぶられること
苦手なこと	孤立すること／感謝されないこと／人から大きくはみ出すこと／理詰めされること／関心を持たれないこと
口癖	「わかるー」「みんな何て言ってる?」「仲間って大事だよね」「それ変じゃない?」「そういうのって理屈じゃないでしょ?」
適職	営業／秘書／インフルエンサー／ YouTuber／コミュニティリーダー／教師／心理カウンセラー／保育士／児童相談員／アイドル／広報／公務員／ NGO・NPO職員／介護士／ケアマネージャー／ブライダルプランナー／ 司会業／ CADオペレーター／ Webデザイナー／イベンター

Ⅱ
クロストーク

～３属性の違いと特徴～

〈クロストーク メンバー〉

こいけん

小泉憲一《こいずみけんいち》さん

日本寄付財団 理事／愛称「こいけん」

14社のオーナーで2社の経営者でありつつ、事業投資家。2022年、会社売却を経て資本主義を卒業し、世界平和活動を開始。

現在は貧困国の学校支援プロジェクト「maaru」を立ち上げ、1年で200校、2年で400校の学校支援プロジェクトに拡大中。各国の首脳や各界の著名人と共に活動を世界中に広げている。

結梨

YURI（結梨嘉望《ゆりよしみ》）さん

世界をつなぐニューリーダー／株式会社Lily's代表取締役社長

藤井ミナコ（著者）

突然の夫との死別、3人の子どもを育てながら約2年でSNS総フォロワー5万人以上となり、5000名以上のママを中心とした女性のコミュニティを持つプロデューサーとしても活躍中。アフリカ圏の学校支援、また23年にはスリランカへ100名、エジプトへ200名近くの日本人ツアーを組むなど、日本人初イベントも主催。シングルマザーの雇用支援や日本だけでなく世界で講演会を展開している。

「誰でもいつからでも、どんな状況でも人生を変えられる」ことを発信し、世界各国の大臣たちと交流など、世界平和を掲げ、世界各国を飛び回っている。

ここからは、実在する天の宇宙人、地の宇宙人、地球人のクロストークで、3属性の違いのおもしろさをお伝えできたらと思います。

「天の宇宙人」代表は、この本の著者・藤井ミナコなんですが……私で代表がいいのかっていう話はありますが（笑）、「地の宇宙人」代表は〝こいけん〟さんこと小泉憲一さん、「地球人」代表は〝ＹＵＲＩ〟ちゃんこと結梨嘉望さんです。

なぜ、このお二人をお招きしたかといいますと、まずはこいけんさん。投資家であり数々の会社のオーナーや経営をされたり、日本寄付財団の理事をされたり、多方面で活躍されている方なんですが、私が出会った人の中でここまで〝ザ・地の宇宙人〟な人はいないなと思ったからです。

そうですね、ミナコさんからこの概念を聞くまでは「自分はちょっとうまいだけな人間」なんだと思っていたんですが、地の宇宙人だって言われて、地の宇宙人の特徴を読んでいったらもう当てはまることしかなくて。

たとえば、自然が大好きだし、探求するのが好きなんですよね。一回興味持ったものを、結構深くまで掘るので。めちゃめちゃ掘ります。今もキャンプにハマり始めたら、キャンプの世界からさらに先に行った、それをめちゃくちゃ小さく軽くする「ウルトラライト」って世界があるんですけど。

なんですかそれ？

とにかく荷物がめっちゃ少なくなって軽くなる道具とか、素材、服の素材など、たくさんあるんですよ。その世界を今、調べまくって、多分誰よりも詳しくなりました。本当にその世界はおもしろいんですよ。

自然に触れたいから、キャンプ好きから、深掘っていって、今そこにたどりついたんですね。

自分の好きな領域があって、その領域の中でいろいろなものをやるところがあるじゃないですか。全然自分が興味がないところには行かない、みたいな。
そんな感じで、自分の好きな領域で1個気になる何かがあったらすっごい調べて、それを人に教えられるくらいまでになっちゃうんですよね。一応、すべてエキスパートになって、それが増えていく感じですね。

これがすごいですよね。私は70パーセントまでいって、ゴールが見えたら、「あー、あの辺がゴールなのね」と確認したら飽きてしまって次、ですから（笑）。

あと、どうしたらうまくいくのかなっていう道筋をガッチャンコして考えるのが好きだから、昔はとにかくマーケティングとかコピーライティングを勉強するのが大好きだったんですよね。こうすると人が動くんだな、みたいなことがわかればわかるほどワクワクするというか。
それから、〝ぶっ飛んだ人〟を見つけた瞬間には、「この人、訳わかんないなあ。ちょっ

と世の中にわかりやすく伝えたいなあ」ってワクワクして、どうやったらみんなにもっと知ってもらえるかなあって思うんですよ。

ミナコ

その〝ぶっ飛んだ人〟というのは、間違いなく天の宇宙人ですね（笑）。

こいけん

そうですね（笑）。そういう人のサポートをしたくなる。
でも、ぶっ飛んでるといえばＹＵＲＩちゃんも、いい意味で相当ぶっ飛んでるよね。

結梨

そうですか？（笑）

こいけん

１２００人の有料コミュニティを、突然、無料化するとか、ぶっ飛んでるよね。

結梨

２０２３年の６月に、当時１２００人月額３３００円のママコミュニティを無料化し

たんですよね。コミュニティを作って大勢のママたちに喜んでもらえたので、じゃあママたちにもっと喜んでもらおうと思って一大決心で無料化したんです。もっと人数も増えるかなと思ったら、逆に辞める人も出てきたりして、全然増えないんですよ。喜んでもらいたかったのに、思ったような反応もあまりない。
それで、気づいたんですよね。与えたものしか人は受け取れないって。

ミナコ

あー確かに。お金を払ったからこそ、能動的にそこから何かを受け取ろうとするところが人間にはありますよね。

結梨

マーケッターの人とかが聞いたら真っ青なことしたんですよ。勢いがあるからもっと拡大させようと思って無料化にするとか、真逆らしいんですよね、本当は。
でも結果としては、拡大するどころか、コミュニティの熱量も下がり、あれっという感じで……。ただ振り返れば、そのおかげで、まったく新しいコミュニティも立ち上がり、

さらに大きな循環も起こせるようになったんですよね。

ＹＵＲＩちゃんに地球人代表としてオファーしたのは、ここにあるんですよね。決して今の地球人の平均値ではないんですが、地球を上手に生きる地球人のお手本みたいな人だなと。

今の地球はこういう人たちが引っ張っていく必要があるなと思うからなんです。

ＹＵＲＩちゃんは執着が少なくて、軽いしスピードが速いんですよ。周りの地球人に比べて。

多分、もう次の星への留学準備に入っている。私たちが地球に留学してきたように、地球人も他の星へそろそろ留学していく人たちがいるんです。

数年前にハッブル宇宙望遠鏡からジェイムズ・ウェッブ望遠鏡に宇宙望遠鏡が世代交代したんですけど、それでおもしろいことがわかったんです。今まで宇宙って、１３８億年くらい前にできたといわれてたんですが、この望遠鏡で２６７億年前にできた銀河を発見しちゃったんです。ということは私たちが認識してるこの宇宙は、少なくとも２６７億歳以上ということ。地球って誕生してから、まだ46億年しか経ってないんですよね。若い惑星なんです。

人類がいる歴史は、長いように感じると思いますが、まだ若い。魂が若いので、若いと勉強する次元が低めになるんです。でも、地球の子だとだいたい高校生くらいから留学するじゃないですか、優秀な子は。地球もそろそろそういう留学生が出るフェーズなんです。

これから留学していく人には、２つのタイプがあります。

前世はいろいろあったんだろうけど、現世は平穏に過ごしながら、地球生活の戸締りをしている感じの人。こういう人はちょっとわかりづらいんです。他の人から見ても、本人も。

もう一つのタイプが、軽くてスピードが早くて、利他で生きていて、多くの人へ影響力をもたらすような人、つまりＹＵＲＩちゃんみたいな人。

結梨 私も、今回で地球は終わりっていう感覚があるんだけど、やっぱりそうなんだ。

ミナコ そういう人の特徴でおもしろいのが、やたらと宇宙人に好かれるんですよ。

結梨 確かに、宇宙人みたいな人が周りにいっぱいいますね。

ミナコ 地球人より魂が古い宇宙人は、つながる次元が高い人が多いんですよ。そういう人たちって、留学準備中で自分たちの次元に近い地球人がいるとホッとするんです。やっぱり自分たちはマイノリティだし。
あと、感情豊かな地球人がおもしろいっていうのもありますね。特に天の宇宙人は人より感情が薄かったり、感情のコントロールが効かなくてすぐ爆発する人も多いから（笑）。
だから、私もＹＵＲＩちゃんっていう存在が、すごく興味深いですもん。

こいけん

確かに。

ミナコ

地球人っていうのは地球はホームだから、みんなで手を取ってやっていけるんですよね。宇宙人である私たちがどんなに言っても、地球人には響かないんですよ。いろいろなことが。だから、多くの人に共感を与えられる地球人が重要になってくるんですよね。

集合意識と祈り

ミナコ

２０２５年や27年の不安な予言とかが、いっぱい出回っているじゃないですか。私はあれを絶対しないようにしているんです。なぜかというと、「集合意識」というのが地球にすごく影響を与えるからなんですね。

こいけん

2025年ヤバいよーとか、そういう発信が良くないって話ですね。

ミナコ

もちろん、備えがあってもいいと思うので、我が家だって防災の水くらいは置いてあります。非常食とかも最低限、用意はしてるけど。

だけど、必要以上の心配が、本当にそれを引き起こすんですよね。やっぱり集合意識って地球にはすごく大事。その集合意識を変えられるのって、人数の少ない宇宙人じゃなくて、絶対的に地球人なんですよ。その集合意識を、もっと幸せな集合意識に変えるのが、ＹＵＲＩちゃんみたいな人のお役目だと思うんですよね。

ＹＵＲＩちゃんの力が強くなればなるほど、集合意識を変えるエネルギーが集まるので。

結梨

嬉しい！　じゃあ、そういう幸せな集合意識をたくさん集めたいですね。

日本だけじゃなく、世界から集まると、それこそ世界平和になりますもんね。

ミナコ

そうそう。それを意識しているだけで変わってくる。

こいけん　集合意識を変える役目って、ヤバいな。

結梨　めちゃくちゃ嬉しい。女性の集合意識をまず変えることがすごく大事よね。

ミナコ　お母さんという存在は、子どもたちと、さらにその先の未来へとすべてつながってますからね。一番早いですよね。

結梨　そしたら、私がまずできることはなに？　たとえば、祈ることですかね？

ミナコ　そこはちょっと気をつけなきゃいけないかも。祈りってすごく難しくて、それこそさっきの集合意識につながってくるんですけど、今年（2024年）1月1日に能登半島地震があって、次に飛行機事故と、立て続けに不安なことが起こって、みんなが祈っていましたよね。ただ祈りって、上に上げなきゃいけないんですよ。もともと前世で巫女さんみたいなことをたくさん経験している人は、上への上げ方を無意識に知っているからできるんです。じつはＹＵＲＩさんは、そういう前世がけっこうあったからできるんだけど。

普通の人が祈ったら、上にいかずに横に広がるんです。そうすると、私もお正月の間、具合が悪くて大変だったんですね。それは、横からグワーって祈りのエネルギーが来たから。周りにいる敏感な宇宙人みんな、具合悪くなっていたんですよ。それは、不安の集合意識にやられちゃったから。

無事を祈りたいという気持ちはもちろん尊いんですけど、悲しみを抱えてばっかりいても、やっぱり良くない。本当に祈りを上げられる人はいいんですけど、そういう人は少ない。だから、不安が横に広がっていくだけなんですよね。

不安になると不安の道ができるから、そこを見ちゃダメだよって話を、私はいつもするんです。そんなものあったんだーって軽く流したら、すり抜けて、そこにはアクセスしないから。「見ちゃうから、そこにアクセスするんだよ」っていう言い方をするんです。

こいけん

これ、大事だな。ちょっとメモしていいですか？　不安ばかり見てる人が多いよね。

結梨

すごく多い気がする。

ミナコ

それを見ちゃうと、目の前にある楽しいことがわからなくなっちゃう。でも楽しかったら、楽しいほど周波数が上がって、免疫力が上がると思うんですよ。バリア機能というか。それで乗り越えていける気がするんですよね。

落ち込んだときの対処法

ミナコ

聞きたかったのは、ＹＵＲＩちゃんはずっと明るく楽しそうに見えるんですけど、たまにはへこむこともあると思います。そういうとき、どういうふうにエネルギーチャージしていますか？

結梨

それはもう、思い切り泣いて、悲しみも怒りも全部出し切りますね。たとえば、旦那さんが亡くなったときなんか、仏壇の前で「なんで私にこんな借金を残すの？　こんな何もない状態にするなんて！」って叫んじゃったんです。多分、近所迷惑だったと思うけど。でも、そうやって悲しみや怒りを上手に出せるようになって、人生は本当に良い方向に変わっていきました。怒りや悲しみと向き合うことが上手になると、自然と良い方向へと変わっていきますよ。

ミナコ

怒りは地球人はかなり感じやすいので、多分、感じたい。でもそれの発散の仕方がわからないという葛藤で苦しんでるんですよね。

結梨

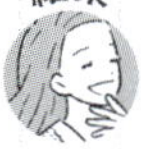

特に女性は怒りを溜め込みがちなんですよ。私も昔はたくさん溜め込んで出せなかった。

怒りを表に出すのって勇気がいるし、怖かったですね。当時は、もし旦那さんに見捨てられたりでもしたら、生活できないかもと怖くて何も言えなくて。どんなに私が疲れていても、旦那さんがゴルフに行ったり飲み屋に行ったりしても我慢すればいいやと。いろんな感情を全部我慢して、子育ても旦那さんへの不満もすべて抑え込んでいました。

でもある日、その我慢が爆発しちゃったんです。ゴミ箱や、家の中にある物をバンバン投げて暴れちゃって。そこで初めて、旦那さんは、私が我慢してたこと、怒っていたことに気づいたんです。そこからは、自分の感情を出すようになり、私の気持ちをより理解し、歩み寄ってくれるようになったんです。徐々にですが、家事や育児の協力をしてくれるようになりました。その時初めて、怒りを出してもいいんだって気づけたんです。

旦那さんが亡くなったあとも、実は、周りから詐欺まがいなことや、苦しいこと、ツラいことがたくさんありました。シングルマザーでも、騙《だま》したりする人がいるなんて、と絶望を感じる時もありました。

そんなとき、怒りや悲しみを感じたら、私の向き合う方法は、ノートに感情を書いて燃やしたり、想像の中で相手をやっつけて怒りの感情をしっかりと出し尽くすことです。現実では絶対にやっちゃいけないけど、想像の中で相手をめっちゃ懲らしめるんです。中途半端じゃダメで、怒りを全部出し切ることが大切なんです。徹底的に怒りと向き合えたあと、やっと前を向けるようになったんですよね。想像の中では私は結構強いですよ（笑）。

でも根本的には、そういう対応をしてきた人も、みんなが幸せになってほしいと本当に思っています。だから詐欺まがいをしたり、苦しめてきた人も、実は、私の人生に怒りの感情を教え、向き合い、手放すための役を演じるために現れてくれたと考えるようにしています。でも正直、夫を亡くしてこんなに苦しい時に、そんな役は必要ないよって思いましたけどね（笑）。

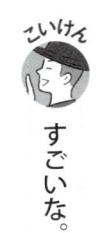

こいけん

すごいな。

ミナコ

もう本当に目から鱗《うろこ》というか。絶対に私にはできない方法ですね。

私はそのあたりの感情が薄くて。8年前にうちの母が胃がんで、余命1年って宣告されたんです。実家は広島なんですけど、家に帰らなきゃとバタバタしていた2週間後に、今の夫が血を吐いて倒れて、救急車で運ばれ、肝硬変で5年生存率25パーセントと言われたんです。まだ生きてるんですけど（笑）。

2週間の間にそういうことがパンパンと起こって、もう訳がわからなくなって。情緒不安定になったんですけど、その状態が1ヶ月も経つと、感情が薄くなるんです。すーっと。それで「悩んでてもしょうがないか」って、スンッとしたらパンッて浮上してくる。

結梨

違うタイプだなぁ。

ミナコ

そうなんですよ。地球は感情の星だから、地球生まれの地球人は喜怒哀楽のすべての感情を感じ切ったほうがいい。感じ切った先に、神様とつながるんです。

でも宇宙人は感じ切ると、そのまま具合が悪くなってくるんですね。エネルギーを持っていかれて病気になっちゃうんですよ。私も子どもの頃から、母親と親子喧嘩するたびにいつも熱出すんですよね。だから、途中からは私がヒートアップしそうになると、お母さんのほうが「ほら、これ以上だと熱出るよ」ってストップをかけてきたり（笑）。感情が大きく揺れるたびにわかりやすく体に出るから、自己防衛本能で感情が薄くなっていきましたね。まあ、それでも爆発するときもありますが（笑）。

でも、天の宇宙人の中には現世では最初から感情が薄い人とか、せっかく地球にいるんだから、地球の感情を味わいたいと、努めて感情豊かにしている人もいるけど、感情を排出する管が地球人より宇宙人は細いんです。だから、体を壊さないように注意が必要ですね。

結梨

そうなんだ。

こいけん
僕のエネルギー補充は、人に会えば復活するんですよ。そもそもまず、ないんですけど、へこむことが。ずっと常に、メタ認知して自分を見ちゃっているから。

ミナコ
でも、昔はなかったですか？

こいけん
昔からどっちかというと、自分の人生のコントローラーは、上の自分が握って遊んでいる感じだった。だから、目の前に何かが起きたときは、俯瞰《ふかん》するんですよね。常にコントローラーを握っている自分に、移動できるというか。

ミナコ
それ、すごいことですよね。

結梨
そうそう。一番冷静ですよね。

冷静なんです。もっと違う言い方をすると、それすらも一つのおもしろいパターン、事例を知った、みたいな感じになるんですよ。

それはわかります。段々と短くなりますね。昔は立ち直るのに3ヶ月くらいかかったりしたんですけど、どんどん短くなっていって、最近は2週間くらいで、またおもしろいネタを拾った！みたいな。

それって、抽象度が上がっているということなんですよ。

たとえば、お笑いの人たちって、何か問題や事件が起きても全部ネタにするじゃないですか。全部がネタになる。だから自分にちょっとヤバいことがあると、おいしい、みたいな感じ。

今はもうまったくないんですよね、落ち込むことが。昔もなかったけど。もちろん毎回泣くフリというんじゃないですけど、友達の結婚式に出て、めっちゃ泣くみたいなこともするんですが。それもどこかで俯瞰している自分がいるんですよね。今泣いて

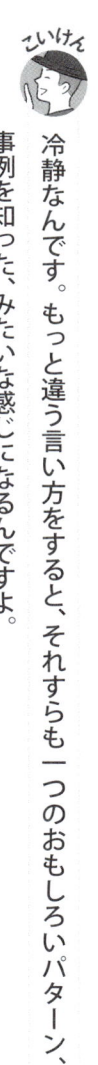

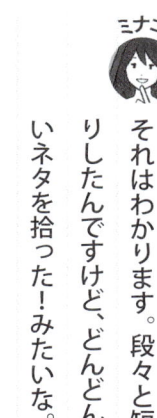

るなって。

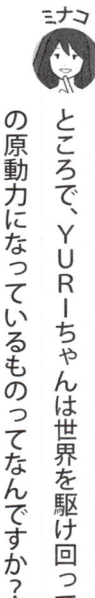

神様と祈り

ミナコ

ところで、ＹＵＲＩちゃんは世界を駆け回って、とんでもなく忙しくしているけど、その原動力になっているものってなんですか？

結梨

地球が良くなるっていうことだけを考えているんです。次にやりたいことがやっと見つかって、それが「ＴＨＥ ＷＯＲＬＤ ＰＥＡＣＥ ＶＩＬＬＡＧＥ」と、降ってきたんです。

それはなんだろうと思ったんですが、ちっちゃい地球、〝世界が１００人の村だったら〟を作らなきゃいけないってことらしくて。

ちっちゃい地球をいっぱいの国に作ったら、結局、国境もないよねっていうのを、一生涯かけてやりたいと思って。そのためだったら何でもしますっていう感じなんですよね、今。

もちろん、子どもが3人いるし、子どもたちのほうが大事ですけど、子どもたちが生きる世界を良くするためだったら、そのためだったら何でもしますっていう感じですね。だから今は、子どもたちと会える時間が少なくて関われなくても、あなたたちが生きる世界のためにママができることを全力でするから、もう少し待ってて！という感じで子どもたちにも伝えています。

いろいろな小さい子を見ると、この子たちが大きくなったときのことを考えて、全然知らない子でも、「君たちが大きくなったときには、絶対いい地球になっているから待っててね」って、勝手なメッセージを送ってます（笑）。

「そのためだったら何でもします」を掘ってみたいんですけど、それはどこに向かって言ってるのかな？　天なのか、誰かなのか……。何でもしますって言う対象は、何なんだろうね？

ミナコ

私には、地球の土地神様に向かって言っているようにみえますね。地球全体の神様だと、ゾウにもアリにもとなって、一個人では見てくれないので。ＹＵＲＩちゃんのような願いは、土地神様が叶えてくれる系の願いなんですよね。人間大好きな神様。日本には日本の土地神様が各地にいる。いろいろ分散してるから、いろんなところに行って、「一緒にやりましょう」と言っていかなきゃいけない。

結梨

そう、いつも言ってます。

ミナコ

それすごい大事で、やっぱり各神様にお願いする必要があるんですよ。一人の神様だけじゃダメです、やろうと思ったら。

神様には、いくつか種類があって。まず、この宇宙を作った創造主の神様。それから各星全体の神様。地球だったら地球を全部覆っている。人間だけじゃなくて、ゾウもライオンもアリもみんなを見ている、地球の守り人みたいな存在の大気みたいな神様がいる。その次に、地球人が「こういう神様が私たちを守ってくれたらいいな」という願いが高次元化して神様になった神様。

もう一つ、イメージ的にいうと、絵本キャラクターの『バーバパパ』わかりますか？おばけのバーバパパって、あれこそ土地神様だと思うんですけど、エネルギーの強いところでポコっと生まれたような、エネルギー体の神様っていう感じ。そういう神様もいます。

そのパターンも2つあるんですよ。その土地に根付いてその場所を守っている神様、それからこの神様たちは移動できないんだけど、その土地の使われ方によって疲弊してきちゃうこともあって。だから移動できて、そういう神様にエネルギーを与える存在も必要になってくるんです。

こいけん

だから明蘭《めいらん》さん（3人の共通の知人でモンゴル人のシャーマンオペラ歌手）みたいな人が必要なんですね。

ミナコ

そうそう。明蘭さんを初めてリーディングしたときに、「あれ？　この人、地球人でも地の宇宙人でも天の宇宙人でもない」って出てきて。「じゃあ、なに？」と、かなり上の次元までつながってリーディングしたら、神様……？と。神様なんだけど、地球や人だけじゃなくて、「生きとし生けるものや土地神様にエネルギーを与えるための生命体」って出てきたんですよね。それで私も、「へー、そういう存在もいるんだ！」ってびっくりしました。

こいけん

初めて明蘭を見た翌日から、3日間寝込んだらしいですね。

ミナコ

そうなんですよ、ちょっと普段では見ない上までいっちゃったもんだから（笑）。普段ダウンロードされてくる情報は、勝手に上から降ってくるだけなので、楽なんですけど、自分が見にいくのにあそこまで上だとなかなか大変で。

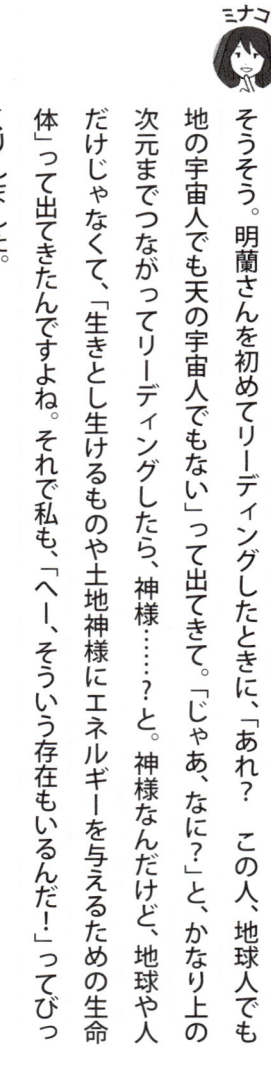

まとめると、土地にエネルギーを与える存在が明蘭さんみたいな人で、数は多くないけど、世界に何十人かはいます。そして、地球人の願いを叶えてくれる神様にアクセスするのがＹＵＲＩさんみたいな地球人なんですよ。「地球人のために、地球をもっと良くしてください」と、それこそ世界中の地球人が作った神様につながってお願いしていくのが、多分ＹＵＲＩさんのお役目なのだと思います。

結梨

お願いしていくんですね。

ミナコ

だから私はそういう人に、「このポイントのここだよ」と場所を教えるのも役割の一つなんです。そういう場所って、世界地図で光ってみえるんですよ。

結梨

おもしろい！

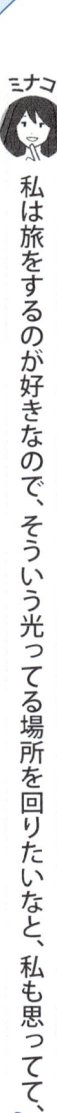

ミナコ

私は旅をするのが好きなので、そういう光ってる場所を回りたいなと、私も思ってて、フラフラと。もう、それが原動力ですね（笑）。

結梨

私と明蘭とミナコちゃんと3人で世界を回って、見つけて、祈って、エネルギーを補給してってやったらすごいよね！

ミナコ

じゃあ、それで経済も回していけるように、戦略を立てるのはこいけんさんの役割ですね。

こいけん

確かに（笑）。

Ⅲ
魂の相性

代表する有名人

天の宇宙人

バッハ／織田信長／前澤友作／ひろゆき／宇多田ヒカル／椎名林檎／稲葉浩志／大谷翔平／長嶋茂雄／新庄剛志／羽生結弦／井上陽水／藤井風／常田大希／稲垣吾郎／大野智／藤井聡太／広末涼子／大竹しのぶ／松本伊代／黒柳徹子／樹木希林／内田裕也／木梨憲武／太田光／高木ブー／さくらももこ／赤塚不二夫／松本零士／魔夜峰央／冨樫義博／中村 光／日渡早紀／美内すずえ／諫山創／宮沢賢治／星 新一／庵野秀明／岡本太郎

地の宇宙人

ドヴォルザーク／徳川家康／孫 正義／北野 武／タモリ／笑福亭鶴瓶／ヒロミ／いかりや長介／加藤茶／田中裕二／藤井フミヤ／平井 堅／つんく／福山雅治／松本孝弘／スガシカオ／ GACKT／北島三郎／王貞治／イチロー／田中みな実／大泉 洋／草彅剛／香取慎吾／松本潤／二宮和也／マツコデラックス／水木しげる／尾田栄一郎／荒川 弘／原 泰久／西村京太郎／宮崎駿／新海誠／田原総一郎

地球人

ベートーベン／豊臣秀吉／桑田圭介／YOSHIKI 米津玄師／萩本欽一／明石家さんま／志村けん 仲本工事／石橋貴明／秋元 康／石原さとみ／新垣結衣／有村架純／安室奈美恵／ゆず／さだまさし／木村拓哉／中居正広／櫻井翔／相葉雅紀／中山秀征／美空ひばり／原辰徳／倉本聰／橋田壽賀子／手塚治虫／鳥山 明／あだち充／矢沢あい／神尾葉子／夏目漱石／赤川次郎／古舘伊知郎／宮根誠司／草野仁／池上 彰

（敬称略）

るるこ
ちょっとこれ見て。有名人を魂の分類別にわけてみたの。

愛莉
こうやって並んでると、わかりやすいね。地球人は時代を席巻した人とか、広く愛される国民的スターとか、やっぱりわかりやすくみんなから支持されやすいのが地球人なんだね。司会業の人とかも地球人が多いっていうのも、なんかわかるわ。

野土花
地の宇宙人は、うん、やっぱり筋トレやってそう（笑）。
あとは、エネルギーに広がりがある感じの人とかも地の宇宙人なんだね。あと、深掘る人、緻密に計算してるんだろうねって人も。
……あ、織田信長、豊臣秀吉、徳川家康って並べられると、なるほどって思えるわ。

るるこ
でしょ！

七海
宇宙人は……強烈な個性の人ばっかりね……でも天の宇宙人の漫画家さんの作品って、

読んでて不思議っていうより、わかる！って感覚になるものが多いわ。

愛莉

この区分けを見ていて思ったんだけど、その中に、夫婦とかコンビとかグループとかいたよね。しかも、けっこう上手くいってる人たちばかり。

魂の属性にも相性とかあるよね？

るるこ

そうね、星の相性もあるから、それだけとはいえないけど、やっぱり傾向はあるわね。

まず男女だとこんな感じかしら（左ページ参照）。

異性の相性

	天の宇宙人 女性	地の宇宙人 女性	地球人 女性
天の宇宙人 男性	○ or ×	○	○
地の宇宙人 男性	○	○	▲
地球人 男性	×	×	○

愛莉

やったー！　地球人女性は、けっこう誰でも大丈夫！

七海

あれ？　この天の宇宙人男性と女性の相性、◯or×って？

るるこ

それはね、天の宇宙人同士は、たまに会う友人ぐらいだと、刺激があって楽しいの。でも、仕事とか私生活でパートナーっていう近い距離になると、魂の生まれた星が同じだとか、すごく友好関係の星の人同士なら、分かり合えて仲良くできるんだけど……ほら、天の宇宙人は個性が強いし、感情コントロールがあまり効かない人も多いじゃない？

だから通常の天の宇宙人同士カップルは、距離が近づけば近づくほど血を見るような激しい喧嘩になっちゃうことも多くて。

でもその刺激がくせになると、地の宇宙人や地球人じゃ物足りなくなってしまう人たちもいるみたい。だから、◯or×なの。

あと、逆に感情が薄目で、特に愛情って感情がよくわからないっていう天の宇宙人も一定数いてね。この人たちはパートナーシップを構築するのがそもそも難しかったり。

七海

……うん……なんか……わかったわ。私はパートナーにはそこまで刺激は欲しくないな。ポンコツな自分をフォローしてくれる人がいい。うん、地の宇宙人男性を探すわ！

るるこ

天の宇宙人と地の宇宙人は、男女間だけじゃなくて同性同士でも相性はいいわ。
特に、サポートタイプの地の宇宙人は、天の宇宙人にとってありがたい存在ね。
もたらす系の才能のある天の宇宙人は、戦略タイプの地の宇宙人と組むと、三次元で成功しやすいし。
あと、地の宇宙人自身も、宇宙エネルギーあふれる天の宇宙人と一緒にいることで、直感が優《すぐ》れてきたり、自分の才能がインスパイアされることもあるわ。

野土花

へえ、いいことづくめなのね。

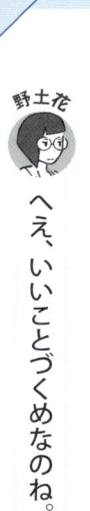

るるこ

でも、いくらサポートタイプでも、かき混ぜる系の天の宇宙人のそばにずっといると、振り回されすぎて疲弊してしまうこともあるわ。振り回される魂の筋トレをしたい人にはおすすめだけど。

野土花

私はそれパスかな。

るるこ

あと、四角四面タイプの地の宇宙人と天の宇宙人の組み合わせもちょっとねえ。

地球の常識からすぐはみ出そうとする天の宇宙人を捕まえて説教しちゃうから、天の宇宙人が萎縮しちゃったり、自信をなくしちゃったり……。

このタイプの地の宇宙人が親で、子どもが天の宇宙人の場合、子どもが自己肯定感の低い子になりやすいから注意が必要ね。

愛莉

ねえねえ、天の宇宙人男性と地球人女性の相性はいいのに、逆はダメなのはなんで?

るるこ

天の宇宙人は感情のコントロールが下手だったり、感情自体が薄かったりで「感情」というものが得意じゃない人が多いって話は何度もしてるでしょ？　だからこそ天の宇宙人男性は、感情豊かな地球人女性をおもしろいって思う人が多いの。

七海

そういえば、天の宇宙人っぽい経営者と地球人奥さんの組み合わせ、よく見るわ。

るるこ

明るくて笑顔の絶えない愛情深い地球人女性は、特に天の宇宙人男性からも、地の宇宙人男性からも好まれるわ。だけど、彼らは地球人女性が思っているような愛情を返せないことが多いから、そこは不満になってくることはあるかもね。

愛莉

大丈夫、愛はもらうものじゃなくて与えるもの。彼からの愛情を感じにくくても、私がその分愛せばいいだけなんだから（キラキラ）。

七海

（……仕事と私、どっちが大事って言ってたのは、ダレ？……）

野土花

私も愛情とかってわからなすぎて、それより信頼できるとか、価値観が合うとか、こちらが言う言葉が通じることのほうが大事。だから同じ、地の宇宙人同士がいいかな。

七海

そうね、言葉が通じるかは大事！　パートナーには少ない言葉で察してほしいし、なぜかわからないけど、一緒にいると心地いいとかそういう人がいいわ。愛情とか押しつけられても、ホラーにしか感じられないんだよね。あれをおもしろがれる宇宙人男性ってすごいわ。

るるこ

この感覚は魂の問題だけじゃなくて、生物学的に女性は受け身ってところにあるの。だから、まったくダメってわけではないけど、天の宇宙人女性も地の宇宙人女性も、強い愛情を示してくる地球人男性に苦手意識を感じることが多いみたい。
生まれ変わって別の性別になると、ここの感覚は変わってくることも多いわ。

七海

そうなんだ。

愛莉

でもふたりとも食わず嫌いのところもあるかもよ。
（本を差し出しながら）ほら、ここに私のおすすめの恋愛小説があるから！

野土花

それ、ちらっと読んだけど、愛する人のために自分が命を落とすとか、マジでホラー小説だったから。

Ⅳ
地球の上手な歩き方

エネルギー充電の方法

七海

そういえば管理人さん、十分なパフォーマンスで地球を歩いていく方法があるって言ってたよね。

野土花

そうそう、属性に合ったエネルギーの使い方があるって言ってたよね、るるこ。

愛莉

えー、それ私も聞きたいな、ネコちゃん。

るるこ

そういえば、言ったわね。じゃあ今日は、徹夜を覚悟してね。

まず何から話そうかしら。そうね、みんなスマホの充電って今、何パーセントぐらい？

七海：わ、15パーセントしかないわ！

野土花：私、今日あんまり使ってなかったから、54パーセント。

愛莉：私はいつもバッテリーにつなげてるから100パーセントだよ。

るるこ：スマホの充電が少なくなったらどうなる？

七海：えっと、省エネモードになる？

るるこ：省エネモードになったらスマホはどうなる？

野土花：パフォーマンスが低下する？

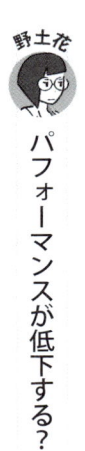

るるこ　じゃあ、充電が0パーセントになったら？

愛莉　まったく動かなくなる。

るるこ　そうよね。じつはこれ、人間も同じなの。

よく「自分の使命は何だろう？　天命は何だろう？」って言う人いるけど、そもそもエネルギーの充電残量の少ない人はそんなに大きなことはできないし、本来持っている自分の才能を使うこともできないわ。

そして、現代は本人が感じているよりも、エネルギー残量が少ない人が多いの。

思っているような人生が送れてないなぁという人は、エネルギー不足を疑ってもいいかもね。

七海　わー、私、絶対足りてないわ。

野土花　じゃあ、足りてない人はどうやって充電していったらいいの？

るるこ　心から楽しい！と思うことをすることね。

七海　んー、でも「心から」って言われると難しいなあ。最近あんまり何にもやる気おきなくて。

るるこ　それは、充電量20パーセントを切っちゃって、赤くなっているサインね。

そういう楽しいことがわからないときは、とりあえず、これをやったらいいよっていうことを、属性別で教えるわね。

まず、天の宇宙人は宇宙から来ているお客さんだから、やっぱり宇宙からエネルギーをわけてもらうのが一番いいの。

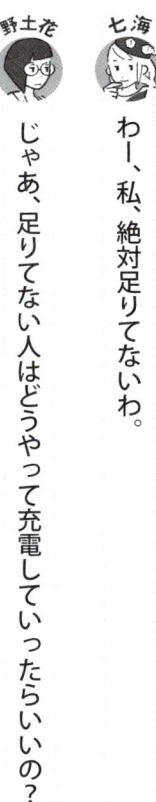

七海　宇宙からって、どうやって？

るるこ　これは2つ方法があるの。一つ目は「満天の星空をぼーっと見る」。なるべく明かりの少ない場所で、天の川が見えるくらいのきれいな星空だと、なおいいわね。もっと欲を言うと、夜の砂漠で裸足になって星のエネルギーを浴びられたら最高ね。

七海　砂漠？　日本にないじゃん！　それ、砂丘じゃだめ？

るるこ　そうね、砂漠のほうがいいかな。

七海　ちょっとハードル高いんだけど……もう一つの方法は？

るるこ

それは、地の宇宙人も関係してくるから、後まわしにするわ。
もう少しライトな方法だと、「海辺を歩いて、海に足首までつかる」。

七海

それだったらなんとかできそう。冬以外なら。

るるこ

海も、星のエネルギーを吸収してるからね。この方法も割と有効よ。
あとは「物理的に高いところに行く」。
天の宇宙人は空が近いほうが元気になれるの。だから高い山のてっぺんもいいけれど、高層階のレストランでランチしたりでもいいのよ。

七海

わかった！　明日、東京タワーに行ってくる！

るるこ

それから、自分の属性に合わないことをしていたら、ゲージがどんどん減っていくからそこも気をつけてね。

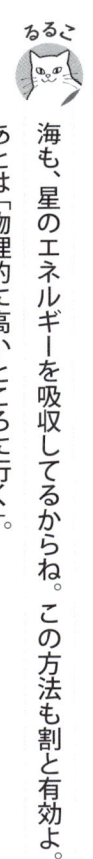

野土花　ねえ、地の宇宙人はどうしたらいいの？

るるこ　地の宇宙人はね、地球と契約している宇宙人だから、地球からエネルギーをもらうといいの。地球から手っ取り早くエネルギーをもらうには、やっぱり「温泉」ね。

野土花　やった、温泉！　すぐ行きたいけど、今の研究がちょっと手を離せないんだよね……。

るるこ　野土花、あなたは本当にちょっと休んだほうがいいよ。温泉は地球のエネルギーをダイレクトに感じられるから、地球人にも天の宇宙人にもおすすめなんだけど、地の宇宙人は吸収率がいいから特におすすめね。
あとは「緑に囲まれる」のもいいわね。本能的になのか、地の宇宙人は山登りが好きな人が多いわ。

野土花　そういえば、私も登山部に入ってた！　山に登っていると、「生きてる！」って感じがするんだよね。

るるこ　忙しくてそんな時間も取れないという人は、おウチや職場に植物を置くとか、少し緑のあるところを散歩するとか、今度時間ができたときにどこの山に行こうってちょっと調べがてら、自然豊かな写真とか動画を観るだけでも違うわ。

愛莉　地球人はどう？　フェス会場とか？

野土花　あんたねえ、自分の趣味を言えばいいってもんじゃ……。

るるこ　当たり！

愛莉　マジで！　じゃあ愛莉は、野外フェスにいっぱい行って、「うぇーい」って踊ってたら充電できるのね！

るるこ

地球人はね、感情が大切なの。「楽しいー！」って感情爆発させて、周りの〝楽しい〟も吸収すると元気になるわ。みんなの感情が盛り上がるようなものならなんでもいいわ。

そして、「楽しい」とか「嬉しい」とかプラスの感情のときだけではなくて、「悔しい」とか「悲しい」「腹が立つ」のような、マイナス感情もエネルギーに変えられるわ。

だから、スポーツ観戦なんて、勝っても負けてもエネルギーを取り込めるの。

愛莉

そうなんだ。

るるこ

地球人の感情の渦ってすごいエネルギーなのよ。そして大きな集合意識になって、時代を変えていくことだってあるの。

愛莉

な、なんか壮大だね。

るるこ

大勢の人の怒りや不満が、戦争や革命を呼んだりするの。不安の感情が不安な社会を作ったりもするから、多くの地球人がどんな感情をベースで生きていくかが、これからの地球を作るわ。

愛莉

責任重大ね。

七海

ねえ、でも私は、そんな大きな感情の渦とか聞くだけで怖くなるんだけど、どうしたらいい？　大きな感情を出したら具合悪くなっちゃうし。

野土花

七海姉ちゃん、子どもの頃に私たちとケンカしただけで熱出してたもんね。でも私も、大勢が集まるイベントとか苦手。

るるこ

ある程度エネルギー充電できた状態で参加すれば、それなりに楽しめるわよ。そういうときは強いバリアが張れているからね。でもしっかりした防御壁を作れないくらいのエネルギーのときに行くと、天の宇宙人も地の宇宙人も、基本は他人の感情を吸収することができないから、例えて言うなら四方からドッジボールを投げつけられても、ぶつけられるだけで一つも受け取れなくて、打ち身擦り傷青あざ状態、みたいに魂がなっちゃうわけ。

七海

大怪我はしないけど、まあまあ痛そうね。

るるこ

だから元気がない人は、あまりそういう大勢の人のイベントには近寄らないほうが無難かな。

愛莉

でも私たちも失恋しちゃったとか、大きなチャンスを逃しちゃったとか、へこんでいるときは、そんな人混みではっちゃけるとかできないよ。そんなときこそ、チャージ

が必要なのに。

るるこ

そういうときは、誰かに自分の気持ちを吐き出して、気が済むまで話を聞いてもらうのがいいわ。できれば、その悲しみに寄り添って、全肯定してくれるような人がいいわね。

愛莉

そっか。じゃあ、ななみん、のどちゃん!!

七海

いつも言ってるでしょ、無理だから。

野土花

そういうのは地球人の友達にお願いして。

愛莉

……ふたりとも冷たい……。

野土花

ねえ、ほかにないの?

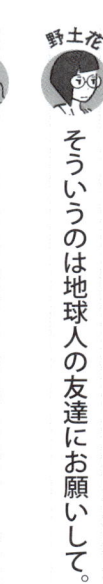

るるこ　そうね、あとはそういう自然の中だけじゃなく、遺跡や神社仏閣、いわゆる「パワースポット」と呼ばれる場所でも充電できるところがあるわ。

七海　パワースポットは、全部充電スポットじゃないの？

るるこ　世間一般的に言われている「パワースポット」と、私が言う「パワースポット」は、すべてが同じ場所じゃないっていうのがまずあるわね。あとはパワースポットにもいくつか種類があるから、全部が全部、充電ポイントじゃないの。

野土花　パワースポットの種類？

るるこ　パワースポットにはね……、

・充電スポット
・種拾いスポット
・浄化スポット
・リセットスポット
・ととのいスポット
・覚醒スポット

があるわね。

愛莉

へぇ～。このパワースポットは、地球人も何かもらえるの？

るるこ

もちろん！　属性別に、〝特にこの場所は〇〇人と相性がいい〟とか〝感じやすい〟とかは多少あるけど、磁場のいい場所は誰が行ってもいいのよ。

七海

え？　ちょっと待って。この中で、なんかよくわからないのがあるわ。「種拾いスポット」って何？

「覚醒スポット」とかは、かっこよすぎるんだけど。

るるこ

「種拾いスポット」は、新しいアイディアの種とか、才能の種とかが落ちている場所ね。だけどあくまで〝種〟だから、発芽するかどうかはまた別なの。持って帰っても発芽条件をクリアできなければ何年も発芽しなかったり、発芽するところまでいっても、それが実になるにはまた違う条件が必要だったりするしね。

「覚醒スポット」は、残念ながら日本にはあまりなくて。日本に多いのは、「浄化スポット」や「ととのいスポット」かな。

……この話も話し出すと、とんでもなく長くなっちゃうから、詳しいことはまた機会があったらね。

愛莉

自分で探すのは、難しそうだね。

るるこ

最初はよくわからないかもしれないけど、いろいろなところに行ってると、なんとなく「ここ気持ちいいな」「元気になるな」「頭がスッキリするな」と、感じられるようになるから、とにかくいろんな場所に行ってみてね。

3次元は行動の場だから、動くということが重要よ。

エネルギーを注ぐ

野土花　よく考えたらさ、地球人は感情で他の地球人にエネルギーを与えられるし、自分ももらえるし、時代を動かせるし、いい感じだけど、私たち地の宇宙人や天の宇宙人は、もらってばかりだね。

るるこ　そんなことないわよ。特に地の宇宙人は「注ぐ」こともできるんだから。

野土花　そそぐ？

るるこ　自分のエネルギーをある対象物に注ぐことで、そのエネルギーは対象物を通して、地球に注がれるの。ようするに、その対象物に対して、関心を持って何かを働きかけたり、

手助けをすると、そのエネルギーは地球までも届くってこと。この対象は人でも物でもいいの。

この対象物が個の場合、地の宇宙人は地球からエネルギーを受け取るため、

自分↓対象物↓地球↓自分

と、ループでエネルギーが回るわ。それはそれで循環していいのだけど、対象を個から複数にした場合、エネルギーは自分のエネルギーだけではなく、宇宙のエネルギーも使えるようになり、宇宙のエネルギーを地球に注げるようになるの。宇宙のエネルギーが来る分、自分の受け取れる器も大きくなっていくわ。

七海

それって、たとえば、家庭が平和で家族が幸せであることにエネルギーを注ぐと、

自分↓家族↓地球↓自分

と回るわよね。

だけど、これが世界平和活動になったら、

地球↙
自分↓平和活動↓地球↙
宇宙↘　←　自分
宇宙↘

ってこと？

るるこ

そうね。ただ、対象が広くなれば広くなるほど、注がなければいけないエネルギーは増えるから、自分が注げるエネルギー量だけでは足りなくなって、無力感を感じるときがくるの。このとき、高次元とつながる天の宇宙人とつながると、そこからも宇宙エネルギーを受け取れるようになるから、注げるエネルギー量がまた増えるわ。天の宇宙人もダイレクトに地球にエネルギーを注ぐより、地の宇宙人というフィルターを通したほうが、地球への吸収率がいいのと、地球からもエネルギーを受け取れるからいいみたい。

地球自体が、今、転換期を迎えていて、たくさんのエネルギーを必要としてるから、天の宇宙人と地の宇宙人が注いでくれるエネルギーは大事なの。

七海　ようするに、自分以外のことにエネルギーを使うと、地球のためにもなるし、巡ってきて自分のためにもなるってことね。で、対象範囲が広くなるほどもらうエネルギーも大きくなる。それに、天の宇宙人と地の宇宙人が手を組むと最強ってことよね？

るるこ　わかりやすい有名人の例でいうと、ジョン・レノンっていたじゃない？
彼のエネルギーは大きくて、ビートルズの時代は、自分の地の宇宙人としての特質とエネルギーを使って、世界に一大ムーブメントを起こしたわ。

野土花　今でも色褪せない、多くの人から愛される曲がたくさんあるよね。

るるこ　でもね、彼はオノ・ヨーコという天の宇宙人の女性に出会い、そのエネルギーを受けて、地球に染み込む宇宙エネルギーをもった音楽を生み出せるようになったの。

七海
素敵!! やっぱり地の宇宙人いいわ! 私もジョンみたいなパートナーが欲しい!

愛莉
……ねえ、ここで地球人は? 地球人は、地球にエネルギーを注げないの?

るるこ
地球人は地球人に、お互いに注ぎ合うことが大事なの。

そして、人でないものに対してエネルギーを使うときも、それを使ったり関わる人のことを想って取り組むと、それは人類に、ときに地球に生きる生命に良い影響があるわ。

天の宇宙人と地の宇宙人は、地球という星にエネルギーを注いで、地球人は地球の生命にエネルギーを注ぐ。

そうして地球全体を、次の次元に上昇させていこうとしているのが、今なのよ。

愛莉
次の次元?

次元のこと

るるこ

地球ってね、宇宙の中では、比較的若い星なの。だから、地球で生まれてくる魂も若くて、中学生くらいをイメージするとわかりやすいかな？

中学生くらいの思春期の頃って、ちょっと血気盛んでしょ？　友達が大事で感情も豊か。それが地球人のイメージね。

若い魂がつながる次元、それが「4次元」なの。

天の宇宙人・地の宇宙人は、もう少し古い魂だから、学びも進んでいて、「5次元」「6次元」「7次元」につながる人が多いわ。

ようするに、地球人は年下の中学生で、天の宇宙人・地の宇宙人は高校生や大学生、または社会人だったりするわけ。

それで、地球人の中にも、飛び級で高校に行ったり、大学に行ったりしてる人もいるわ。
別に中学生が悪い、社会人が偉いというものでもないでしょ？　ただ、年齢が若いから、
この次元を履修している、それだけなの。

七海
中学生、キラキラして眩しいわ。

野土花
生命エネルギーにあふれているよね。

るるこ
そう、エネルギッシュでしょ！
各次元では、勉強することが決まっているの。
そこを卒業すると、次の次元に進むことになるわ。
ここでちょっと、次元の話をするわね。

1次元は、**星の「核」**、地球の場合は地球の「核」ね。

2次元は、**地球のエネルギーが生み出した精霊のエネルギーがある場所**。ここに人の残像思念が時々落ちていって、精霊と融合すると、いわゆる妖怪や妖精という形になるの。

「パワースポット」と呼ばれている場所や、心霊スポットで時々これが確認できるわ。妖怪と呼ばれるものも、どんな残像思念と結びつくかで、黒くも白くもなるの。座敷童子とかもそうね。

3次元は、**肉体や物質がある、この世界**。

それ以降は、ざっくりと魂がつながる場所ととらえたらいいわ。

4次元は、主に**今の一般的な地球人がアクセスできる空間**で、地球の次元ね。空想や妄想もここに位置するの。地球人の「思いついた！」は、ここの情報を拾えた感じかな。

インターネットも４次元とつながりやすいわね。この次元では、努力が報われるには、なかなかのエネルギーが必要ね。現実の厳しさを教えてくれる次元でもあるの。４次元は感情の次元でもあるの。４次元とつながっている人たちは、愛情も賞賛も喜びも怒りも憎しみも悲しみも、すべての感情をエネルギーに変えられるわ。

今、あなたたちが知っている歴史では、ここの４次元の重くて大きな力を使って、時代を進めてきたの。

そして今、地球はここからもう少し軽いエネルギーで次の次元に移行しようとしているところ。共感・承認が完全に満たされ、プライドを捨てられると、５次元につながりだすわ。

今、特に年齢の若い地球人から、５次元に移行した人が増えつつあるわね。

愛莉

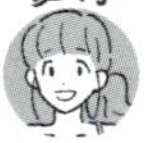

あー！　このあいだ、終電に乗っていたらね。飲み会帰りのサラリーマンの人たちがいたんだけど。40代くらいの上司の人が、「俺は、がんばった人が報われる社会を作り

たいんだー」って叫んでて。酔っ払ってたんだろうね。そしたらね、20代の部下らしき人がめっちゃ冷静に「え、がんばった分だけ報われるって、普通でしょ？　やったらやっただけ、成果として出るし。今でもできてますよ、そんな社会」って言っていて。

これが4次元の人と次の次元に行っている人の違いってこと？

るるこ

なかなかおもしろい場面に出くわしたわね。そんな感じで、世代としてわかりやすく違いが出るわね。

この社会が「がんばってもなかなか報われない社会」だと思っている人は、そういう現実にしかつながれないし、「がんばったらがんばった分だけ報われるのが当たり前」と思ってる人の前には、もうそんな世界が広がってるわ。

そんな世界の人たちがつながってる次元というのが**5次元**。**勘のいい地球人、一般的な地の宇宙人、天の宇宙人がつながりやすい次元**ね。神様のお使いの龍神とか鳳凰とか眷属も、この次元の上のほうと言えるわ。

それから、引き寄せの法則もこの次元。
願いを叶えるためには、等価交換とか、代償が必要。努力した分だけ結果が出るとか
自己犠牲の精神も、この次元なの。
すべての感情をまだしっかり持っているからこそ、怒りや憎しみといった負の感情を
持ち続けると病気になりやすいわ。

今の地球はまだ4次元ベースだから、5次元とつながっている人は周りと自分の感覚に、
違和感を感じている人が多いわ。
信頼で人間関係が構築されていて、直感は働くようになるけど、裏づける理由がないと、
なかなか動けない感じね。

正義感と罪悪感を手放せると、次は6次元。

6次元は**神の領域**。神社に祀《まつ》られている神と呼ばれる存在や、国々の土着の神からの情報は、この次元からやってくるわ。

このあたりから、自分の意思とは関係なく、気がついたら動かされていた、ということが起こり始めるの。思考より直感を使ったほうがスムーズに行くことを知っているけれど、まだエゴも少し残っているので、わかっているけど思考を優先してしまうこともあるみたいね。

この次元につながってる人たちは、物事の本質をとらえる目があるわ。

6次元の入口はやったらやった分だけという等価交換から離れて自由を謳歌できる場所。

たいして努力しなくても、軽く考えただけで「棚からぼたもち」的なこともよく起こり始めるの。

ただ「軽く考えた」だけで、いいことも悪いことも起こりやすくなるから、何が起こってもおもしろがるくらいにならなければ、この次元に長く留まることはできないわ。

上に上がっていき7次元に近づいていくと、与える層であり支配する層であり搾取する層になるの。

二元論と恐怖心を手放すと、7次元が見えてくるわ。


7次元は、凪《なぎ》と平和。


7次元とつながれる人は、感情がまったくないわけではないけれど、かなり薄くなるの。

感情は重量があるので、たくさん感情を溜め込んでいる低い次元ほど、スピードが遅くなって、上の次元に行けば行くほど、まとっている感情が少なくなるので、スピードが速くなるわ。

7次元以降は、スピードの速さが格段に上がるため、6次元以下の人には、理解できないことも多くなるの。

ここにつながることができる住人は、自己実現が簡単にできてしまうので興味がなくなって、もっと大局を目指すようになるわ。

好奇心は残っているため、時々、6次元以下の感情や感覚を取りにいくことも、冷静にすることはあるの。

「ワンネス」を本当の意味で理解し体感できると、8次元の域になるわ。

8次元は**悟りの領域**で、悟りを開いた後のブッダやキリストがここにアクセスしていたみたい。

意識が創造主と一体化しているため、自分のための行動というものがないわ。

役割があるときだけに転生し、自分の意思で肉体を持つこともないの。

魂の由来である星の意識もここにあるわ。

9次元は、**管理、宇宙全体のバランスを見ている**の。

10次元は、**この宇宙を作った創造主**ね。

七海

ってことは管理人さんは……。

るるこ

ふふふ……これで次元の概要はなんとなくわかったかしら？

地球で生きている上で大事なのは、4、5、6次元くらいだから、その辺りがわかっていれば大丈夫！　自分が一番心地いい次元とつながればいいの。

そして、自分の魂の属性を理解していけば、この地球を楽しく歩けるわ。

愛莉

そうね、姉妹で力を合わせてがんばろうね！

七海

……いや、そういうの勘弁してほしい。

野土花

適切な距離感で。

ここからは本書の作者・藤井ミナコが、私の配信や公式ＬＩＮＥなどによく来る質問について、答えていきますね。

Q 解説を読んだら、宇宙人診断の結果に違和感を感じた。自分はどちらの属性？

宇宙人診断では、今のあなたの在り方が出ます。周りから浮かないようにがんばって生きていると、天の宇宙人でも地球人という結果になりますし、身近にかっこいい地の宇宙人がいて、「あんなふうになりたい」と生きていると、地の宇宙人という結果が出ます。

解説を読んで「私、無理してた。本当はこっちだ」と思ったほうが、多分あなたの本当の属性です。

Q 天の宇宙人と地の宇宙人の点数が同じだったのですが、この場合どちらになるのでしょうか？

地の宇宙人はタイプが何種類もあるし、天の宇宙人とも共通項があるので、同じ点数の場合、だいたい地の宇宙人のことが多いと思います。

Q 途中から天の宇宙人になったり地の宇宙人になったりできますか？

結論から言うと、できません。

宇宙人か地球人かというのは、魂がどこで生まれたか、ということですので、出生地は変えることができません。

天の宇宙人から地の宇宙人に切り替える、逆の場合も、この生が終わった後からできます。

Q

私は気功も扱えるし、幽霊も見えるし、ときどき神様からのメッセージもきます。それでも地球人なのでしょうか?

「見えないものにつながれる＝宇宙人」ではありません。土地神様の中には、地球人の「こんな神様がいたらいいな」という願望が生んだ存在もいるので、そういう神様は、地球人にときどき話しかけてくれる場合もあります。

ただ、その声が聞こえる・聞こえないは、血筋が影響している場合が多いです。

Q

地球人は天の宇宙人と仲良くできないのでしょうか?

特に自分らしく生きている天の宇宙人は、地球人から見るとマイペースでわがままで人を振り回しているように見えるかもしれません。

ただ、感性、観点が独特で人と違った動きをしたりもするので、そういうのをひっくるめ、おもしろい！と思えるような地球人の方なら仲良くできるでしょう。

ちなみに、天の宇宙人男性は、自分と違って感情豊かな地球人女性をおもしろがってパートナーに選ぶ人が多いなと、私の周りを見ていて思います。

Q やっぱりつながる次元は上げていったほうがいいのでしょうか？　軽く考えただけで、悪いことも現実化しやすい6次元とか、怖いんですけど。

低い次元がよくないということはありません。自分が居心地のいい次元にいればいいと思います。

地球で生きていくには、5次元が一番色鮮やかで楽しいかもしれませんね。

【宇宙人診断】

あなたの魂の由来は？　次の36の問いに答えてみましょう。
Ｐ１７０の表にある各問番号の下に、該当する答えの点数を書き込んでみてください。
※ウェブサイトでの診断はＰ１７４のＱＲコードを読み取ってください。

ＳＴＡＲＴ！

Ｑ１●さびしい時は１人でいるよりも、人と一緒にいるほうが落ち着く

・当てはまらない・どちらとも言えない・当てはまる

Ｑ２●今流行っているファッションや話題に敏感でそれについて人と話すのが好き

・当てはまらない・どちらとも言えない・当てはまる

Q3 画期的なアイデアやプロジェクトを考える人の「サポート役」になることが多い
・当てはまらない・どちらとも言えない・当てはまる

Q4 芸術の分野や新しいことのコツをつかむのが早くて、評価されることがある
・当てはまらない・どちらとも言えない・当てはまる

Q5 失敗した時にその悔しさを糧にしてがんばれるほうだ
・当てはまらない・どちらとも言えない・当てはまる

Q6 どちらかというと海よりも山のほうが自然と元気になる
・当てはまらない・どちらとも言えない・当てはまる

Q7 家電が壊れたり、クレジットカードなどの磁気異常が起こる
・当てはまらない・どちらとも言えない・当てはまる

Q8 みんなと一緒に何かをやりとげた時の一体感が好き
・当てはまらない・どちらとも言えない・当てはまる

Q9 既存の仕組みを使ってビジネスやアイデアを広げるのが得意
・当てはまらない・どちらとも言えない・当てはまる

Q10 ● 身近な人から、冷たい人だと言われたことがある

・当てはまらない・どちらとも言えない・当てはまる

Q11 ● チームで「相談や協力」をしながら物事を進めていくのが好きだ

・当てはまらない・どちらとも言えない・当てはまる

Q12 ● マニュアル化が得意だ

・当てはまらない・どちらとも言えない・当てはまる

Q13 ● 気になったことは、それが周りの人が興味を示さないようなことでも調べ続けられる

・当てはまらない・どちらとも言えない・当てはまる

Q14 ● どちらかというと、過去の思い出の余韻に浸れるタイプだ

・当てはまらない・どちらとも言えない・当てはまる

Q15 ● 新しい構想を実現するための行動やサポートをするのが得意なほうだ

・当てはまらない・どちらとも言えない・当てはまる

Q16 ● タワマンの高層階や、東京タワー、飛行機など高い場所が好き

・当てはまらない・どちらとも言えない・当てはまる

Q17 自分が出す意見は人に共感されることが多い

・当てはまらない・どちらとも言えない・当てはまる

Q18 生まれ故郷に定期的に帰ると落ち着く

・当てはまらない・どちらとも言えない・当てはまる

Q19 上から目線だと言われたり、つい人を見下してしまうことがある

・当てはまらない・どちらとも言えない・当てはまる

Q20 人の痛みや悲しみなどに同調して話を聞ける

・当てはまらない・どちらとも言えない・当てはまる

Q21 物事を進める時は、直観もデータなどの根拠も両方大切にするほうだ

・当てはまらない・どちらとも言えない・当てはまる

Q22 直観だけでデータの裏付けがなくても、行動してしまうことが多い

・当てはまらない・どちらとも言えない・当てはまる

Q23 いろいろな人に話を合わせて聞くのが得意

・当てはまらない・どちらとも言えない・当てはまる

Q24 棚ぼた的に勝負に勝てても嬉しくない
・当てはまらない・どちらとも言えない・当てはまる

Q25 社会のルールが理解できず孤立したことがある
・当てはまらない・どちらとも言えない・当てはまる

Q26 つらい時は、人に話を聞いてもらいたい
・当てはまらない・どちらとも言えない・当てはまる

Q27 ルールや規則を守りながらやりたいことを実現することができる
・当てはまらない・どちらとも言えない・当てはまる

Q28 反対されたとしても自分の哲学や美学に反することができない
・当てはまらない・どちらとも言えない・当てはまる

Q29 合理性や美学よりも人の心を大切にするほうだ
・当てはまらない・どちらとも言えない・当てはまる

Q30 プロジェクト全体を見て調整しつつ進めるのが得意
・当てはまらない・どちらとも言えない・当てはまる

Q31●人に合わせて行動するのが苦手

・当てはまらない・どちらとも言えない・当てはまる

Q32●周りの人の考えに同調して意見を決めることができる

・当てはまらない・どちらとも言えない・当てはまる

Q33●コツコツ努力できる

・当てはまらない・どちらとも言えない・当てはまる

Q34●周りに合わせずに自分のペースで突き進んでしまうことがある

・当てはまらない・どちらとも言えない・当てはまる

Q35●いつも計画通り進めるのが得意

・当てはまらない・どちらとも言えない・当てはまる

Q36●宇宙人だと言われたことがある

・当てはまらない・どちらとも言えない・当てはまる

回答点数

当てはまらない 0点／どちらとも言えない 1点／当てはまる 2点

いちばん点数の多かった属性が、あなたの属性です。

Q4	Q7	Q10	Q13	Q16	Q19	計
Q22	Q25	Q28	Q31	Q34	Q36	天の宇宙人

Q3	Q6	Q9	Q12	Q15	Q18	計
Q21	Q24	Q27	Q30	Q33	Q35	地の宇宙人

Q1	Q2	Q5	Q8	Q11	Q14	計
Q17	Q20	Q23	Q26	Q29	Q32	地球人

あとがき

２０１８年10月、私の最大の理解者であり、地球で生きる上での一番の重しになっていた母が他界しました。

「寝ようと思ったら、エアコンのところに穴があってね、小人さんたちがそこに向かって歩いてるの」と言ったのは、３歳の頃。

母は笑って「ミナちゃんはちっちゃいから見えるんだよ」と言ってくれました。

けれども、大きくなっていっても増してくる変な力。

「あのお寺、頭が痛くて入れなかったの。絶対何かが封印されてる」

「なんかね、人の前世が見えてるみたいなの」

私が何を言ってもすべてを肯定しておもしろがってくれる母がいたので、私はこの力を自分で否定せずに育つことができました。

ただ、誠実で堅実で質素、我慢強く自己犠牲の精神にあふれた母から見た私は「ふわふわしているのに我が強い、協調性のない娘」でもありました。

「時間は守りなさい」「もう少し我慢してみたら?」「そんなんじゃあ社会でうまくやっていけないわよ」「もっと地に足をつけて生きなさい」

どれもその通りだと思うけれども、努力してもなかなかその通りにできない私には、母の言葉はいつも鉛のようにも感じていました。

そんな母が息を引き取ったとき、もうあのお小言が聞けないんだと思うと同時に、

「あ、お母さんは地の宇宙人のほうだったんだ」

という言葉が思わず出てきました。

思えばあれが「地の宇宙人」を認識した最初だったのです。

母が今この本を読んだら、どんな感想をくれるでしょうか。
多分「そうだったんだ。もっとその話聞かせて！」と肯定してくれると確信しています。

藤井ミナコ

【宇宙人診断】

藤井ミナコ 監修

質問に答えていくだけで、あなたの魂は
「天の宇宙人」「地の宇宙人」「地球人」
どの属性なのかがわかります!

https://alien.alive-life.jp/diagnosis/

各種お知らせや配信イベントをお伝えする
公式LINEのほか、オンラインサロンなど、
リンク先はこちらより。

藤井ミナコ Minako Fujii

次元上昇魔術師

広島県出身。幼少期から小人の隊列が見えたり、土地のエネルギーの重さを感知したりと、スピリチュアル感覚が鋭く、人の建前が金属音に聞こえるなど、生きづらさをかかえていた。

大学卒業後、日本語教師をしている時に感じたことは「生まれた国や環境が違うだけで、与えられるチャンスも見る夢も違うなんておかしな星だな」ということ。

その後、WEBデザイナー、ライター、Web編集ディレクター、ライティング講師、と職歴を変えながら、並行して、口コミのみで過去世リーディングのセッションを20年近く行い、さまざまな人たちの前世の絡まりを解きながら悩み解決をしてきた。

2022年2月、突然宇宙から魂の由来である「天の宇宙人・地の宇宙人・地球人」の概念がダウンロードされてきて、前世を見るだけでは説明できなかった魂の性質を理解し、魂の本来の性質に沿った生き方をしていけば、人のつながる次元が変わってくることに気づく。そうして次元を少しでも上げ、見える世界を広げるセッションを行っていくうちに「次元上昇魔術師」と呼ばれるようになる。

現在、「宙の周波数」という会員制女性限定オンラインコミュニティの主催、次元上昇コンサルや、世界を歩き、次元上昇できるエネルギーポイントを見つけ、"誰でもどんな未来でも見れる地球に"していく活動などを行っている。

Publishing Agent　山本時嗣（株式会社ダーナ）

天の宇宙人☆地の宇宙人
宇宙《そら》の子 三姉妹&ネコ

2024年10月25日　第1版第1刷発行

著　者　**藤井ミナコ**

編　集　澤田美希
イラスト　アトリエマッシュ
デザイン　堀江侑司

発行者　大森浩司
発行所　株式会社ヴォイス　出版事業部
〒106-0031
東京都港区西麻布3-24-17 広瀬ビル
☎ 03-5474-5777（代表）
FAX 03-5411-1939
www.voice-inc.co.jp

印刷・製本　映文社印刷株式会社

ISBN978-4-89976-578-3 C0011